妈妈的能量

决定家庭的温度

王瑶 著

台海出版社

图书在版编目(CIP)数据

妈妈的能量决定家庭的温度 / 王瑶著. -- 北京：
台海出版社, 2019.2

ISBN 978-7-5168-2226-5

Ⅰ.①妈… Ⅱ.①王… Ⅲ.①亲子关系–家庭教育
Ⅳ.①G78

中国版本图书馆 CIP 数据核字(2019)第 024195 号

妈妈的能量决定家庭的温度

著　者:王　瑶

责任编辑:员晓博　曹任云
装帧设计:快乐文化　　　　　　　版式设计:通联图文
责任校对:唐思磊　　　　　　　　责任印制:蔡　旭

出版发行:台海出版社
地　　址:北京市东城区景山东街 20 号　　邮政编码：100009
电　　话:010–64041652(发行,邮购)
传　　真:010–84045799(总编室)
网　　址:www.taimeng.org.cn/thcbs/default.htm
E － mail:thcbs@126.com

经　　销:全国各地新华书店
印　　刷:北京鑫瑞兴印刷有限公司
本书如有破损、缺页、装订错误,请与本社联系调换

开　　本:640mm×960mm　　　　　1/16
字　　数:170 千字　　　　　　　印　　张:14
版　　次:2019 年 3 月第 1 版　　　印　　次:2019 年 3 月第 1 次印刷
书　　号:ISBN 978-7-5168-2226-5

定　　价:39.80元

前 言

1

妈妈,是一个具有温度的词汇。

母性的爱,是如此神圣,为人世间带来了最初的温暖。

孩子是妈妈生命的延续。十月怀胎,含辛茹苦,只为一朝分娩;孕育一个生命的痛苦与喜悦,只有妈妈能够体会。

然而,培养和教育孩子长大,对妈妈来说,更是一个漫长而辛苦的过程。

随着孩子一天天成长,从牙牙学语、蹒跚学步,到形成自己的脾气性格,孩子不再是没有主见,事事依赖妈妈的雏鸟,他们的自主意识会越来越强。而很多妈妈,也在生活的琐碎和养育孩子的辛苦中,渐渐失去了初为人母时的温柔和耐心,很多妈妈,因缺乏良好的沟通和教育方式,成为孩子心中的"皇太后"。她们的"呕心沥血"并不能得到孩子的理解和感激,反而会使得孩子与妈妈产生矛盾与隔阂,认为自己被妈妈剥夺了自由,妈妈对自己干涉太多,妈妈的行为让自己感到厌烦……

这些,一定不是妈妈们希望看到的。

这个时候,作为妈妈的你,应该意识到,随着孩子不断长大,你更应该陪同他一起成长,一起进步。

你不光要爱孩子,更要学会如何正确地爱孩子,学会和孩子一起面对成长中的每一个问题,用正面的能量去影响他,陪伴孩子健康、积极地成长。

2

妈妈是孩子来到世界后的第一个导师,也是孩子的一面镜子。

在没有形成独立的人格之前,孩子会通过妈妈的心灵和双眼去探索和了解这个世界。

而每一位妈妈,在现实生活中都需要扮演多重角色,面对丈夫时,是妻子和贤内助;面对孩子时,是母亲;面对职场伙伴时,是同事……妈妈如何跟周围的环境相处,就会影响到孩子在环境里的互动方式,妈妈对待别人的态度,也会影响到孩子的内心感受。

总之,妈妈的情绪好坏,将直接影响到孩子的成长,并决定着孩子的个性发展。如果妈妈经常保持开心、乐观、积极、坚强的良好情绪,那么孩子在妈妈的积极影响下,也会成长为乐观、坚强、自信、情商和智商都高的孩子。相反,如果烦躁、紧张、焦虑等负面情绪长期伴随着妈妈,那么孩子也会受到妈妈坏情绪的影响,并可能因此而形成不良的个性。

从这个角度来说,为了做个暖意融融的好妈妈,你应该让自己保持积极和阳光,这样才会感染到你的孩子,让他充满信心和活力。

很多妈妈抱怨说："上班像打仗,回家还有一堆家务,又面对着这样一个不听话的孩子,有时候实在是情绪好不起来啊!"的确,妈妈也是人,是人就注定了会有七情六欲。但是,作为母亲的你需要做一个身心健康、精神面貌良好的女性,只有这样的女性,才能更好地陪伴孩子成长,引导孩子积极向上地面对人生。

所以,为了孩子的良好发展,为了塑造和睦的家庭氛围,妈妈们必须付出很大努力。

3

在相对传统的中国家庭里,爸爸更多扮演着深沉、刚强,相对刻板威严的角色,而真正起到沟通、调剂作用的人是妈妈,妈妈的角色更能引导和决定一个家庭的精神面貌。

如果说爸爸对孩子来说是坚实的支柱,那么妈妈对孩子来说更像润泽的春雨,每时每刻的滋润与养育,让孩子不断汲取养分,在成长的道路上大步向前。

一个和谐的家庭离不开妈妈,妈妈是家庭的灵魂。无论是温柔的妈妈、强势的妈妈、性格内敛的妈妈,还是外向活泼的妈妈,都可以塑造一个良好的家庭氛围,前提是,把你积极正面的能量注入这个家庭,让这个家庭充满阳光和爱。

妈妈在陪伴孩子成长的过程中,请阅读本书,学会洞察孩子的心理,与孩子快乐沟通,每天改变自己一点点,接纳孩子一点点,相信妈妈会越来越快乐——别忘了,享受当妈妈的快乐,才应该成为你生养孩子的目标!

本书观点新颖,内容全面,各章相互呼应又彼此独立。从了解孩子的性格到掌握和孩子沟通的技巧,从挖掘孩子的潜能到培养孩子的优良品质,均有细致周到的描写,结合真实的案例,给出实际性的策略,让众多望子成龙、望女成凤的妈妈不用再为怎样教育孩子而犯难。

妈妈的重要职责是记得,你的能量决定家庭的温度。你暖,孩子才暖,你的家才暖。

目　录

·········· CONTENTS

第一章

道德的能量：

妈妈的素质决定孩子的品行

诚实是人最高的美德

诚实,是健康人格的一个重要范畴,它是一个人外在行为和内在道德的有机统一体,是评价一个人是否有教养的标尺,更是孩子道德品质教育的基础。

1

何谓诚实?有一个寓言故事,是这样诠释"诚实"的。

古代有个君王,要为自己的孩子选择一个最诚实的伴读。于是他给了前来候选的孩子每人一把种子,并且告诉他们说:"你们把这些种子拿去,谁种出的花最美最香,就选谁做王子的伴读。"

三个月过去了,在王宫里,孩子们捧来了一盆盆美丽的鲜花,只有一个鞋匠的儿子,他的花盆里什么也没有,大家都笑话他。君王却选了鞋匠的儿子做王子的伴读。他告诉所有孩子:"我发下去的都是已经炒熟的种子,不会发芽,更不会开花。"

诚实,就是真实、诚恳、实事求是,坦诚地面对自己和他人。如果一个人拥有了诚实的品质,他就会交很多的知心朋友,他的路也会越走越宽。

2

有一位妈妈带着孩子去小区的超市买零食,孩子选了一罐八宝粥和一包薯片,妈妈用微信支付了8元就走了,回到家,孩子拆开零食包装的时候,妈妈突然发现,超市老板娘算错了钱,这两样零食加起来应该是10元。

妈妈从抽屉里找出2元硬币,叮嘱孩子去还给超市的老板娘,孩子不情愿地说:"白赚了2元钱不好吗?还可以买个雪糕。"妈妈耐心地说:"做人一定要诚实,明明是小店阿姨找错了钱,你怎么可以说是白赚的呢?钱要通过自己的努力得来,才能叫'赚',否则就是贪小便宜。"孩子明白了妈妈的意思,心甘情愿地去把钱给了超市的老板娘。

诚实教育很简单,从小事做起,从点滴做起就行了。很多孩子不诚实,往往是为了满足自己的需求,如吃喝玩乐等,当孩子有不诚实的苗头出现时,妈妈应该跟孩子一起分析,让孩子明白哪些需求是合理的、正确的,然后及时满足孩子合理的需求,对于不合理的需求,则要对孩子讲明道理,坚决拒绝。

妈妈千万不要觉得孩子还小,或者觉得事情无关紧要就放纵他们。长此以往,孩子就会不断地重复不良行为,形成不良的品格,最终影响到他们的人生。

3

诚实教育,还要提到两点。

第一是所谓的"赏识教育"。目前,很多妈妈已经意识到了表扬孩子的重要性,会经常对孩子进行表扬,然而,表扬孩子必须建立在真诚的基础上,不能过火,也不能夸大其词。

吉儿的妈妈给吉儿报了一个书法班,为了唤起孩子的积极性,吉儿妈妈就整天念叨:"吉儿,你的字写得可真好看,妈妈都没你写得好。""吉儿,你真厉害啊……"这样的话翻来覆去说得多了,妈妈自己也觉得虚伪,而老师说,吉儿的书法水平在班里只是中等。吉儿茫然了,不知道是妈妈说得对,还是老师说得对。

表扬孩子,妈妈一定要真诚,并且要自然流露出来,而不要刻意为之,否则孩子会在你不真诚的表扬中迷失自己。

第二是要求孩子诚实,妈妈必须以身作则。《钱江晚报》曾报道过一则新闻——《因为父母不兑现承诺,12岁女孩离家出走》。

事情是这样的,小燕(化名)之前一直在老家跟奶奶生活,后被接到父母身边,在浙江某城市上学。父母曾经承诺:"期末考试全部90分以上,就带你去看海。"小燕很努力,达成了目标。她满怀希望地等着去看海,却被父母用一句话打发了:"这么冷的天,看什么海啊!"

面对这样"虚伪"的父母,小燕越想越委屈,决定离家出走,回老家找奶奶。还好,她在路上遇到好心人,报了警。警察将小燕送回了家。

在小燕的父母看来,天冷,海边不好玩是事实,但之前的承诺呢?如果父母可以跟小燕说明,天冷不适合去海边,但我们可以等暖和了再去,是不是就不会有此风波?

对孩子的各种许诺,甚至各种哄骗,很多父母说完就忘了,甚至还沾沾自喜地认为"达到了目的"。殊不知,这是用事实告诉孩

子,人说话可以不算数。如果父母随口一承诺,事后却忘记或者违约,不仅会伤了孩子的心,也会让父母失去权威。

助人为快乐之本

助人为乐,是中华民族的传统美德,也是当今社会提倡的道德风尚。人的本质是爱的相互存在,人的生活是由与他人的相互交往构成的。乐于助人,就是要求人们善于理解他人的处境、他人的情感和需要,随时准备从道义上去支持他人,从行动上关心帮助他人。

1

著名书法家王羲之的书法天下闻名,但是他轻易不肯给人写字。有一天,王羲之在路上遇见了一位贫苦的老婆婆,提着一篮竹扇在集市旁叫卖,却没有什么人去买。他看到后心里很同情,于是决定帮一下老婆婆,便在每把扇子上都题上了字。人们知道后纷纷围拢来抢着购买,一篮子竹扇很快被抢购一空。等着买米下锅的老婆婆非常高兴,十分感谢乐于助人的大书法家,而帮助了老婆婆的王羲之也深感安慰。

助人为乐是一个人思想境界的行为体现，是一种精神的升华。我们需要让孩子知道：每一个人都不是孤立地生活在这个世界的，我们必定生活在群体之中。人与人之间的交往是一种平等互惠的关系，你怎样对别人，别人也会怎样对你。你热心帮助别人，别人也会热心帮助你。帮助永远都是相互的。正所谓"投之以桃，报之以李"，你愿意积极主动地帮助身边的人，自己也会收获他人的善意和帮助。

某一年，美国得克萨斯州北部的一个小镇突降暴雨，正在河边钓鱼的史莱克被猛涨的河水困在了孤岛上。眼看水位越来越高，立足的地方也将不复存在，史莱克命悬一线。就在这时，一个老人开着一艘橡皮艇赶来，成功将史莱克救到了地势高的地方。史莱克激动地掏出所有现金，这位老人却说："不必了，我想要的是一个承诺，当你以后遇到陷入困境的人时，你也会伸出援手。"

在后来的日子，史莱克不知道帮助了多少有困难的人；当他们想要表达谢意时，他都会转述这位老人的话。

给予他人力所能及的帮助，是一种美德，在帮助别人的同时，自己也能从中收获快乐。常言道，"赠人玫瑰，手有余香"，助人为乐是一种正面积极的人生观。社会交往程度越密切，越是离不开互相帮助。从小在孩子心灵中播下关心他人、助人为乐的种子，是培养孩子开朗、宽厚、善良性格的重要基础。而一个乐于助人的孩子，也能够不断收获他人的支持和帮助。

2

周明凯是班长，最近班里转来了一个新同学，叫于长路。作

为班长，周明凯想照顾一下新来的同学，帮助他快速融入集体；可是，于长路不只不领情，还总是很冷漠。周明凯一直搞不清楚原因。

后来，于长路的一个亲戚来学校看他，正好赶上于长路请假没来，周明凯接待了他，顺便说出了自己一直以来的疑问。从亲戚那了解到，原来于长路四五岁的时候父母在意外中离世了，他跟妹妹孤苦无依，吃了上顿没下顿。还好外地的叔叔及时赶来，把饿得半死的兄妹接回了家。叔叔对他们很好，婶婶却很严苛，经常为一些鸡毛蒜皮的事情责骂兄妹两个，有时候还动手打人。

一次叔叔去外地出差，妹妹高烧两天不退，于长路跪着求婶婶带妹妹去医院，婶婶理都不理他。等叔叔把妹妹送进医院，妹妹的一只眼睛已经失明了。从此以后，他就只跟妹妹说话了。

知道了这些情况，周明凯主动找于长路聊天。他说："长路，我知道你经历了很多不幸的事情，我想帮助你走出来。"于长路愣了一下，没有说什么。周明凯没有放弃努力，他把于长路的事告诉了班上几个熟悉的同学，想集思广益，找到让于长路快乐起来的方法。

一个同学提出，既然于长路是因为妹妹失明将自己封闭起来的，也许他妹妹的眼睛治好了，他就能开朗起来了。大家都觉得这是个不错的思路，于是请教了相关的医生，并回去组织同学策划捐款行动，然后瞒着于长路把他的妹妹接到医院。经过检查，医生说，于长路妹妹的视力可以恢复到原来的70%~80%。

于长路知道了整件事，终于敞开心扉，和周明凯成了好朋友，他的性格也逐渐变得开朗起来。而周明凯的热情也被点燃，他觉得帮助别人是一件非常有成就感的事情。

3

现在的孩子,多为独生子女,他们是家中的"小王子""小公主",深受家人宠爱的他们很少会主动去关心、照顾别人,甚至很少想到别人,只知"自我",根本不懂人与人之间的帮助,所以,妈妈要创造机会,让孩子学会帮助别人,培养孩子助人为乐的好习惯,这对孩子今后是否具有高尚的情操、健全的人格有不可估量的影响。

妈妈要抓住机会,教育孩子,鼓励孩子在自己能力范围内主动去帮助别人,比如在公交车和地铁上给老人让座,在幼儿园帮年纪小的小朋友系鞋带、穿衣服等,在孩子做了这些事情后,妈妈要进行适当的表扬,让孩子明白助人为快乐之本。

忍让是人生的一种豁达

忍让是一种对人生的豁达,是一个人有涵养的重要表现。俗话说得好:"退一步海阔天空。"因此,正确的教育理念应该是让孩子学会忍让。一个人的气度从他的肚量中体现,能够忍让和宽容的孩子最终会成长为气度不凡的英才。

1

杨杨一进门，妈妈就看到他红扑扑的脸蛋上有两道泪痕。妈妈忙问发生了什么。杨杨生气地说："昨天龙龙说想要玩一天我的遥控车，我同意了，结果今天拿给我的时候，车子没有一点电了！我自己每次都省着玩，他怎么能这样！"

说完，杨杨就呜呜地哭起来。妈妈轻轻地抱抱他，问道："龙龙道歉了吗？"杨杨说："他道歉了，可是车子的电也回不来啊……"

妈妈说："车子没电了可以再买电池，好朋友丢掉了可就不好找回来了。龙龙既然道歉了，你就原谅他吧！"

杨杨渐渐没声音了，妈妈趁热打铁："前几天你弄坏了菁菁的魔法棒，菁菁是怎么说的？她是不是很大度地原谅你了？学着大度一些，不要在心里装那么多事，不然你会越来越累的。"

杨杨好像想通了，说："妈妈，我要给龙龙打电话，我得为今天的事道歉。"结果第二天，龙龙主动给杨杨带了两节新电池，两个小朋友又和好如初了。

2

很多孩子在家里深受爸爸妈妈、爷爷奶奶等人的宠爱，常常以自我为中心，受不得半点委屈，不懂得宽容忍让的道理，遇到一点外界的刺激和不顺便会怒火爆发。有些孩子由于缺少生活的阅历，对一些事情的认识往往浮于表面，处理问题的时候容易被急躁、冲动的情绪包围，不懂得宽容别人。稍微受点委屈，就会大发脾气,看起来很没教养,而妈妈对孩子错误的教育方式更会让孩子的任性变本加厉。

一些妈妈怕孩子在外受人欺负,便告诉孩子:"谁打你你就打谁。"这种简单粗暴的解决方法只让孩子学会了打击报复、以牙还牙。殊不知,让孩子逐渐学会宽容才是最好的。古语说得好:"君子忍人所不能忍,容人所不能容,处人所不能处。"心中常怀着睚眦必报的心理,对孩子的成长有百害而无一利。

有一个关于名人的故事,可以教孩子更好地体会到什么是"忍让"。故事是关于美国知名总统林肯的。

有一天,一个叫斯坦顿的陆军部长来到林肯那里,气呼呼地对他说,有一位少将用侮辱的话指责他,他很生气。

林肯安静地听完了部长的抱怨,对他说,你可以写一封信给他,狠狠地骂他一顿。斯坦顿一听,觉得这个主意很好,于是,立刻写了一封措辞强烈的信,拿来给林肯看。

"对了!对了!"林肯高声叫好,"要的就是这个!好好训他一顿,斯坦顿。"林肯大声夸赞。

但当斯坦顿把信叠好装进信封里时,林肯却叫住了他:"你要干什么?"

"写好了,当然是寄出去呀。"斯坦顿有些摸不着头脑了。

"不要胡闹。"林肯大声说,"这封信不能发,快把它扔到炉子里去。这封信写得好,写的时候你已经解了气,现在感觉好多了吧?那么就请你把它烧掉,就当没发生过这回事吧。"

凡是生气时所做的决定,都会让人在时过境迁后后悔,林肯总统的故事告诉我们,忍让并不是畏惧什么,而是我们的控制力和教养的一种体现。我们要约束自己,还要适时帮助身边的人,学会忍一时之气，获得"退一步海阔天空"的豁达和自在。

3

那么，在教育孩子的过程中，妈妈如何帮助孩子明白"忍让"的实际做法呢？

首先，妈妈要正确对待孩子之间的矛盾。每个孩子都有与其他伙伴相处玩耍的需求，然而在玩的过程中难免会出现各种各样的问题，有时候发生矛盾是在所难免的。孩子不能明辨是非，所以需要妈妈的帮助，妈妈的态度对于培养孩子宽容的品质十分重要。

在矛盾出现的时候，妈妈先要确定过错方是谁，如果是自家孩子的问题，就要跟孩子好好沟通，再去跟别的孩子认错。如果自己孩子吃了亏，妈妈要保持冷静，先耐心地宽慰孩子，分析原因，把避免矛盾的方法和解决矛盾的途径教给孩子，并且告诉孩子，再遇到类似的情况，应该怎么做。

其次，妈妈要教育孩子明确自己在家庭中的位置，让他懂得他只是家庭中的普通一员，不能对他无限纵容，更不能给他特殊权利，要教会孩子心中有他人，不要总是以自我为中心，一切只顾自己。必要时可以用具体事例来增加孩子的体验，比如遇到喜欢的菜要让给长辈，喜欢的东西要与家人朋友分享，以锻炼孩子对自身情绪的克制能力。

最后，妈妈还应该告诫孩子，不要执着于争强好胜，要学会宽和待人，这样人生的视角才会不受拘束，才能在生活中保持积极的心态。

从小培育感恩的心

从某种意义上来说,缺乏感恩意识的孩子,无论他的能力多么出色,也难以受到身边人的尊重和爱戴,因为社会难以接受和认可不知道感恩的人。而一颗感恩的心,更要从孩子的小时候就开始培育。

1

早上,妈妈为家人做好了早饭并盛好放在桌上。儿子聪聪过来一看是用大碗盛的,马上阴着脸不高兴地说:"我不要用这个碗,我要用小碗。"可就在昨天,妈妈用小碗给他盛的时候,他要求跟大家一样用大碗。妈妈今天用大碗盛,他又不高兴了。

看着儿子不开心的脸,妈妈也有点不高兴地说:"你昨天不是要求跟我们一样的吗?今天想换的话你也要提前说啊!"

儿子放下筷子跑到房间里去了,妈妈没有马上叫儿子过来吃饭,而是先让他自己冷静一下。

过了一会儿,儿子跑了过来。

妈妈说:"聪聪,你今天不喜欢大碗吗?"

聪聪答道:"那是我昨天要用的,但我今天想用小碗。"

妈妈耐心地说道："因为你昨天提出要用大碗，今天妈妈才给你换的，如果今天你有意见应该在妈妈盛饭之前提出来，今天就这样先吃吧。"

聪聪看了看妈妈，没说什么，拿起筷子开始吃饭。

吃好了饭，妈妈说："聪聪，现在妈妈想跟你说一些话。"

聪聪问："说什么？"

妈妈说："说今天你的做法。妈妈一大早辛苦为家人做早饭，你应该用一颗感恩的心来对待妈妈。妈妈在做饭的时候，你还舒服地躺在床上。妈妈做好了早饭，你应该要谢谢妈妈，而不是用这种难看的表情来面对着妈妈。"

聪聪看着妈妈，不作声。

妈妈说："今天妈妈不是错用了你的碗，而是按照你昨天的要求做的。即使妈妈今天用错了碗，你只要跟妈妈说一下就可以了，而不是摆出这样的表情给妈妈看。早上起来天冷，妈妈的手泡在水里也是很冷的，你应该体谅妈妈，学会为他人着想。妈妈辛苦地做了早饭，你还这样对待妈妈，妈妈心里很不舒服。"

说完，妈妈严肃地看着聪聪，郑重发问："聪聪，如果是你做了早饭，妈妈对你闹情绪，你会怎样想？你认为今天这样对待妈妈，对吗？"

聪聪眼中有了惭愧，他认真地对妈妈说："我知道了，妈妈。对不起。你辛苦给我做了早饭，我不应该这样跟你说话，以后我有什么事情，一定好好跟你说。"

2

小希是小学一年级的学生。一次上体育课他不小心摔倒在地，腿上磕破了皮，几个同学见状立刻上前把他扶了起来。后来，体育老师背着他去了学校医务室。医生说没事，给小希敷上了一些创伤药，体育老师才放下心来。

小希回家后把这件事情告诉了妈妈，说自己当时很感动。小希的妈妈趁机教育孩子不仅要有感恩的心，同时还应有知恩图报的心。妈妈告诉小希对于帮助过他的同学，有机会一定要报答。

"可是如果没机会呢？"小希说，"他们也许不需要我帮助呀！"

"那么你就主动去帮助需要你帮助的人，帮助任何一个人，就是对那些同学的报答。做一个懂得感恩、有爱心的孩子。"

小希明白了妈妈的心意，从此不但知道了感恩，而且学会了主动去帮助别人。

孩子走进集体时，会更真切地感受到人与人之间互帮互助的真挚感情以及集体的温暖，妈妈应该抓住机会，教育孩子，让他与人为善，懂得感恩。

3

"滴水之恩，当涌泉相报。"感恩是中华民族的传统美德，是一种处世哲学，是一个人对自己和他人以及社会关系的正确认识；感恩也是一种责任，知恩图报，有恩必报，它不仅是一种情感，更是一种人生境界的体现。

很多家长抱怨现在的孩子很自私、很任性。比如，当妈妈辛苦地为他们服务时，孩子不但没有感恩之心，为了一些小事还会大发脾气。然而这都是因为当孩子出现这种行为时，自己没有及时指正，才助长了孩子的任性。妈妈不能认为孩子还很小，这些行为就可以不计较，一定要及时给孩子指出来并加以规劝，孩子才会意识到自己的错误。否则，当妈妈发现孩子很自私、很无情的时候，孩子的心理发展已基本稳定很难扭转了。

要让孩子拥有一颗感恩的心，妈妈应从孩子小的时候就开始对其进行引导。

教孩子学会欣赏他人

俗话说："海纳百川，有容乃大。"人无完人，妄自菲薄和恃才傲物都不可取。

1

乙英是重点中学的高一学生，成绩优秀，平时社团活动也很多。由于学习成绩好，能力出色，她不把任何人放在眼里。家里一些亲戚的孩子，比如她的表姐表弟，有时候问她一些学习上的问题,或者拿了类似作文比赛的文章给她看,她基本上都会持否定的态度,并且还对别人说一些类似"你的格局不够高啊,这样的水平你要考个大专都休想……"等很泄气的话。为此,乙英很不讨亲戚的喜欢,在学校也得罪了很多同学。

母亲决定找个合适的时机教育她一下。有一次,学校把一个非常重要的暑期义务公益活动的任务交给她,并且嘱托她一定要好好跟进。

乙英努力地搜集资料,满网络地找合作,最后请妈妈帮忙找一些公司合作,并将策划案上交给妈妈看。

妈妈随手翻了两页,把她厚厚的一沓策划案重重地摔在桌子上:"你这是做的什么鬼策划案,小学生都能做得出来,你还好意思拿给我看?"

乙英感到很委屈,因为这是她熬了几个通宵,呕心沥血做出来的策划案,妈妈怎么能这样对自己说话?

此时,妈妈语重心长地说:"看看,我说这些话,你心里也觉得不舒服吧?可是你知不知道,平时的你就是这样对朋友和兄弟姐妹说话的,总是觉得自己很厉害很强大,从来不顾别人的感受,全盘否定别人的心血。其实每一个人都是很优秀的,每一个人身上都有值得你学习的优点,你要做的不是挑别人的毛病,而是多发现别人的优点并且加以欣赏和赞美,这样,你才能在人生的路上走得更远。"

乙英恍然大悟,原来妈妈是在"以其人之道还治其人之身",她惭愧地低下了头。

2

欣赏别人，需要气度与胸襟。法国著名作家雨果说："世界上最宽阔的是海洋，比海洋更宽阔的是天空，比天空更宽阔的是人的胸怀。"每个人身上都有优点与缺点，爱看到别人优点的人，比总看到别人缺点的人更快乐，也更受欢迎。

春秋时期，管仲少时贫贱，早年曾与好友鲍叔牙以经营小买卖为生。

管仲出的本钱没鲍叔牙多，可分红时，他收了应得的一份后，还要再添些。鲍叔牙手下骂管仲贪得无厌，鲍叔牙替他辩解说，他家里人口多，开销大，自己自愿让给他。管仲带兵胆小怕事，手下士兵不满，而鲍叔牙却说，管仲家有老母，他为了侍奉老母才自惜其身，并不是真的怕死。鲍叔牙百般袒护管仲，是因为他知道管仲是个不可多得的人才，只是还没有机会施展。

管仲感叹道："生我的是母亲，了解我的是鲍叔牙！"

就这样，他们成了莫逆之交。后来，管仲在鲍叔牙的极力推荐下，成了齐国宰相，帮助齐桓公成为春秋五霸之首。

学会欣赏他人，是关系孩子能否拥有好人缘的重要品性之一。而这项本领，需要父母从小培养。

一次，台湾著名作家林清玄带小儿子去市场，看见卖牛肉面的师傅一次可以烫十几碗面，动作行云流水，宛若舞蹈；卖糖葫芦的小贩眨眼工夫就串好了几十串山楂，每颗山楂都穿上了透明生脆的"冰糖衣"，像变魔术一般。于是儿子对林清玄说："爸爸不如卖牛肉面的师傅……爸爸不如卖糖葫芦的小贩……"

林清玄微笑接受："爸爸跟他们比下面条、串糖葫芦当然是输家，但爸爸会写文章呀，爸爸写文章一流，就像那位师傅做牛肉面一样，让别人喝彩。"

3

生活中，妈妈可以从以下几个方面从小培养孩子善于欣赏他人的意识。

首先，当孩子在自己的面前埋汰别的同学或朋友时，妈妈一定要学会扭转话题。因为孩子对社会上很多事情的认知都很有限，分析事物很片面，每当孩子挑别人毛病、夸奖自己的时候，一定要告诉他让他多多发现别人的优点，学会欣赏别人，不能用别人的缺点和自己的优点相比较，这样下去孩子只会自傲自大。

其次，是让孩子意识到自己的缺点。给孩子一张纸，让孩子写下自己的缺点和优点，时时刻刻和孩子一起克服缺点，并告诉他，每个人都是自己的一面镜子，我们可以从别人身上看到自己的影子，看到别人的缺点我们可以预防，看到别人的优点我们可以学习。

最后，再给孩子一张纸，让他写下他讨厌的人的优点。他会慢慢地变得欣赏别人，不会对别人吹毛求疵、鸡蛋里挑骨头，学会宽以待人，严以律己，只有这样，孩子的人生路才会更广。

注重孩子大气品质的培养

在现代家庭教育中，妈妈得注重孩子大气品质的培养。我们都知道，只有大气、宽容的孩子，才能得到周围人的喜欢，才能拥有良好的友谊和人际关系，才能开朗、自信。

1

不得不遗憾地承认，现在很多孩子并没有像家长预期的那样慷慨大方，懂得宽容和换位思考，相反，猜疑心重是孩子身上越来越严重的问题。人一旦有了猜疑的心理，一定会处处敏感多疑、无中生有，这种不健康的心理，对孩子的社交有很大的影响，也不利于孩子的身心健康。

小楠的性格非常孤僻，不愿意和别人交流，和别人相处时也小心翼翼，生怕得罪别人。每次放学后，同学们三五成群地在一起谈笑风生，她都以为自己做错了什么事情得罪了大家，使得别人在背后议论她。

有一次，和她关系较好的女同学小蕾和其他女生在小声议论着什么，而且还有人朝小楠的方向看。小楠非常敏感，见此情景气愤不已，一怒之下，将小蕾的书包扔在了地上，并狠狠地踩了几脚。一群正在聊天的女孩都朝着小楠看过来,小蕾看到自己的书包被好朋友扔在了地上,很是惊讶,走到小楠面前问:"小楠,你怎么了?"

小楠生气地说:"哼,你还问我怎么了?你怎么不问问你自己?"

小蕾莫名其妙,扯着自己的衣角一时间不知该如何说。

"在同学面前说我坏话,你到底什么意思?你是不是我朋友啊?"

"我没有说你坏话啊。"

"还说没有,你们刚刚不就在说吗?有说有笑的还朝我这里看,别以为我不知道!"

小蕾才明白过来,赶紧说:"小楠,你误会我了。我这是……"

在场的女同学也都明白了事情的缘由,其中一个女生立刻接着小蕾的话说:"小楠,刚刚小蕾跟我们说你参加的书法比赛得了全市前十名,这个消息我们都没有听你说过呀。"

小楠听后不好意思地看了一下小蕾,默默在一旁不说话。

小蕾却笑了,拉着小楠说:"你呀,什么都好,就是不太爱和同学交流,其实我们都很喜欢你的呀。"

这件事情过后,小楠的内心坦然了许多,也慢慢意识到自己的问题并且加以改正。

2

在小楠身上,有一种比较典型的现象——猜疑心过重。猜疑是人性的弱点之一,是对人、对事物在没有进行客观了解前,主观地进行假设与推测,是一种非理智的判断过程。

妈妈要注意,如果孩子爱猜疑,他肯定是对这个社会上的事情和人的信任感不强，我们应该从根本上消除孩子的这种心理。怀有猜疑心理会影响孩子的身心健康。当别人眉飞色舞地交谈，猜忌者会怀疑别人在说自己的坏话；当别人对他态度不太友好，猜忌者就会以为别人对他有了看法。这种人会觉得活着很累，也会觉得这个世界充满着欺骗，长此以往，猜忌者会郁闷不已、自怨自艾。

不难发现，有不少孩子喜欢猜疑，其中原因和他的个性心理特点有关。一般来说，抑郁性气质的孩子比较多愁善感、敏感多疑，也会注意到旁人不易察觉的细节，他们辨别是非的能力较弱，对外界的评判标准很苛刻，所以对外界容易产生成见和不解。

3

星期六的早上，晴晴在宿舍里整理床铺时，将自己的被子放在了小雨的床上，小雨看到此举，对晴晴翻了个白眼。实际上，晴晴并没有发现小雨为此不开心，其他室友也没有看见。但是小雨内心很怕其他室友看见自己的不友好，恰巧同一时间，有个室友抬头看到了她，小雨内心小小紧张了一下。

这件事情之后，小雨很担心，怕同学因此疏远她，她一整天都在仔细地观察其他同学的表现。可是其他同学都和往常一样去图书馆、吃饭……可小雨仍在担心，担心同学疏远她，担心别人说她小气，她只要看到其他同学说笑，都以为别人在耻笑自己，成天惴惴不安、心焦不已。

英国哲学家培根说过："猜疑之心犹如蝙蝠，总在黑暗中起飞。这种心情使人迷乱，扰乱人的心智。它能使你陷入迷惘，混淆敌友,从而破坏你的生活和事业。"

对于猜疑心过重的孩子,妈妈要从以下几个方面来帮助其克服:

首先,让孩子学会站在对方的角度思考问题,客观地分析事物,谨防产生"总有刁民想害朕"的极端心理。

其次,多让孩子出门社交,接触更多的人和事,给孩子与周围人进行情感交流提供机会,培养孩子之间的信任感。

妈妈应该多多关注孩子的内心,鼓励孩子直面自己的心理,一旦有了猜疑心理后,要多多和别人交流内心的想法,实事求是地去解决问题,内心万万不可胡乱揣测,这是帮助孩子克服猜疑心理较为有效的方法。

拔出孩子嫉妒的那根刺

嫉妒俗称为"红眼病",指的是一个人看到别人比自己强而产生的一种心理不平衡的现象。心存嫉妒的人不能容忍别人的快乐与优秀,会用各种手段去破坏别人的幸福,它是摧毁人性和健康的毒药。如果孩子的心灵一直被嫉妒这种情绪占领,他的成长不会快乐,很可能会走入歧途。

1

这是某知名大学一个班级发生的事。一个女生因为嫉妒自己的同乡同学，为了在班级选举中打败她，竟然花钱收买其他同学。然而，同学们在发觉了这件事后，都开始自觉抵制她。最终她只获得了自己投出的一票。

事情还没有结束。同乡当上了班干部，她不思考自己有没有做得不对的地方，反而千方百计搜寻同乡的把柄，想要证明同乡的德行很差，当不了班干部。周围的同学们都打心底里厌恶她。

终于，玩弄心机不求上进的恶果产生了。一个学期都在思虑算计同乡的她，没有学进一点东西，在期末考试面前，她慌乱了。为了让考试成绩不那么难看，她铤而走险准备了小抄。前两场考试，一切似乎都很顺利，监考老师没有发现她。她有些飘飘然，心想这次没准儿还能考一个不错的成绩，甚至超过同乡。可没到考试结束，她就被监考老师带走了。

原来，监考老师早就发现了她，只是觉得一科没有复习好还可以原谅，但没想到，她不仅没有收敛，反而动作越来越大，越来越不把纪律放在眼里。她哭着向老师保证没有下一次了，请求老师原谅。然而，学校对考试作弊是零容忍的，没几天，她就收到了被开除学籍的通知。

2

从这个女生身上，我们可以看到，嫉妒是一种害人害己的不良心理。在嫉妒心理的驱使下,这个女生每天深陷在负面情绪中,迷失了心性,无视道德,导致思想偏激,行为极端,最终酿成恶果。当一个人一味地沉浸在比较和嫉妒中时,不仅身心会觉得疲惫,更无法沉下心去提高自己的才能,反而会被旁门左道和陷害别人的想法纠缠不休,就像上文女生那样不知不觉毁了自己的前程。

嫉妒是不良的心理状态,形成嫉妒心理是由于个人与他人比较,发现别人在某些方面比自己强而产生的一种羞愧、不满、怨恨、愤怒等组成的复杂情绪。其实每个人都会产生嫉妒心理,而且是从儿童时期就开始了,如何正确疏通嫉妒心理,是父母和孩子都要做的。

现代社会充满竞争,家长对子女的期望越来越高,孩子在竞争的环境里,学习压力越来越大。激烈的竞争环境容易滋长孩子的嫉妒情绪,加上很多独生子女喜欢表现自我、突出自我的性格,嫉妒就像一根刺一样深深地扎进孩子的心中,让原本纯洁正直的心灵渐渐扭曲……

这时候,父母应该帮助孩子克制他的情绪,与他一起找到形成嫉妒的诱因,然后平复他的情绪,必要时可以对孩子做出补偿,以缓解他的嫉妒心理。

任飞的班级组织广播操大赛,别的同学的父母都来了,可是任飞的爸爸妈妈因为出差而无法参加。对此,任飞非常不满,他回家后对爸爸妈妈说:"别人的父母都来了。"

爸爸妈妈向儿子表示道歉,并答应孩子在家里给他办一场专场晚会。这样,任飞就明白了父母还是很关心自己,很爱自己的,于是他心里对别的同学的嫉妒情绪也就随之化解了。

很多孩子之所以嫉妒别人,其根源在于他们对自己缺乏信

心，认为自己比别人差。因此，要医治孩子的这一心理，父母应该给孩子更多的关爱和鼓励。当孩子取得进步时，父母要及时给予肯定，让孩子有成就感和幸福感。这样，孩子就不会一味地关注自己与别人的差距，而会用更多的时间来充实自己，发挥自己的优势，不断进步，收获属于自己的快乐。同时，孩子还会因为父母的爱和鼓励而变得宽容，变得大度。

3

嫉妒是孩子成长过程中一个不能回避的问题，它并不可怕，关键在于如何战胜它。

生活中，妈妈要对孩子的嫉妒心理给予关注，平时要细心观察了解，关心他们的心结所在。一旦发现嫉妒心态在孩子的心灵中萌发，就应该及时加以引导、制止和纠正，使孩子能够朝着健康的方向发展，及时拔除嫉妒的那根刺，在以后的人生道路上成为真正的强者。

虽说嫉妒心理是普遍的，但任其发展将会不利于孩子身心的健康发展。所以，当发现孩子嫉妒心过重的时候，父母应该引导孩子认识嫉妒这种负面情绪的危害。

具体来说，父母可以通过平时的交流告诉孩子：

"当我们嫉妒一个人的时候，因为难以把这种感受说出来，只能在自己的心里暗暗憎恨。这样下去，是不是感觉越来越痛苦呢？

"别人的进步是别人努力的结果，他不会因为你的嫉妒而失去进取心，要知道，你是无法阻止别人进步的，你能做的，只是欣赏别人的进步，并向其学习。

"谁都不喜欢嫉妒心太强的人,如果你嫉妒一个人,那么他就自然会远离你。如果你经常嫉妒别人,也会影响大家对你的看法。这样你就无法在和别人共同学习和交流的过程中得到帮助,取得进步。"

当时机合适的时候,父母也要让孩子知道,不光他们会嫉妒,爸爸妈妈也不例外。比如,妈妈可以告诉孩子,当他和爸爸一起踢足球的时候,妈妈也会嫉妒,但是妈妈不会因此而乱发脾气或者感到难过。另外,父母还可以列举自己小时候的故事,让孩子知道自己也有过同样的心理。这样会让孩子明白,原来爸爸妈妈也会嫉妒。这时候父母便可告诉孩子,嫉妒并不是一种可怕的情绪,人皆有之。最重要的是要让孩子明白,当别人超过自己的时候,完全有比嫉妒更好的方式,比如向他学习和请教,或者积极加入对方的群体中,让孩子逐渐理解嫉妒产生的原因并战胜它。

第二章

教育的能量：

和孩子一起成为最好的自己

蹲下来，与孩子平等对话

很多妈妈以"爱"为名头，强调着家长的"威严"，继续着对孩子的"掌控"，当孩子提出不同意见时便予以否定，这对孩子独立人格的养成大为不利。在这种强压下，"笼子"里的孩子表面上会默默接受家长的一切安排，但是叛逆也在悄然滋生……

1

公路上，一位妈妈驾车带着儿子女儿去游乐园，妈妈一直在跟女儿说话，两个人很高兴。突然，儿子开始莫名其妙地升降挡风玻璃。妈妈赶紧锁住了所有开关，稍微侧过头问是怎么回事。

"哼。"儿子酷酷地扭过头，一副生气的样子。

妈妈笑笑说："我们待会儿要坐过山车，你妹妹有点紧张，我就多安慰了她几句。现在我只听你说，你想说什么？"

"妈妈，我想听故事！"

"放《格林童话》可以吗？"

"好的，妈妈。"

"妈妈，我们等会儿吃什么啊？"女儿问道。

"我们去永和大王吃怎么样？"

"妈妈，我想吃薯条！"儿子叫道。

"那我们先去买个薯条，再去永和大王，可以吗？"

"好的，妈妈。"儿子和女儿都很高兴。

这个故事告诉我们，孩子是一个独立的个体，有自己的权利，有自己的尊严，作为父母，不管是说话还是做事，都要听听孩子的意见，站在与孩子平等的位置上与孩子对话。

给孩子平等对话的权利，你想说的话他才能听得进去。所以妈妈要从心底里聆听并尊重孩子的意见，与孩子真诚平等地对话，才能理解彼此。

2

有的父母想了解孩子，或者想知道孩子最近学习如何，就以一种命令的口气说：

"过来，说说你最近在学校表现怎么样？"

有的说：

"儿子，过来给妈妈汇报汇报！"

完全是一种高高在上的口气和做派。

孩子这时候虽然来了，可内心在担忧和害怕：

"爸爸妈妈又要挑我的刺了。"

"在学校老师批评我的事情可不能让他们知道。"

于是乎，父母想听的没听到，孩子想说的没说出口，交流进入一个恶性循环的"怪圈"！

一方面，很多父母在潜意识中拒绝接受与孩子平等的观点，放不下家长的架子。"我是你的妈妈，我不管你谁管你？"
"我过的桥比你走的路还多。"这些传统观念还残留在父母的头脑中。

另一方面，很多父母仍然认为孩子年纪还小，习惯性地忽略了孩子作为一个独立人格也有自己的主见和想法的事实，即使察觉了孩子的情绪也没有给予平等的尊重。孩子在父母面前没有话语权，没有选择权，没有隐私权，久而久之，在孩子心里，父母从最亲近的人慢慢变成了最需要防备的人。产生这样疏离淡漠的亲子关系，父母该有多么心痛啊。全心全意地爱着孩子，却亲手把孩子越推越远，由此可见，平等和尊重是维系良好亲子关系必要的一环。

强行让孩子低头只会产生适得其反的效果。试问在互相戒备与对抗的家庭氛围中，孩子又怎么可能健康快乐地成长呢？无数事实表明，父母越是严厉地运用高压政策对待孩子的缺点，孩子越难以改正。尤其是叛逆期的孩子，父母让他向东，他偏偏要向西；父母让他学好，他偏偏要去学点坏的……如何与孩子正确、有效地沟通？蹲下来吧，只有"蹲下来"，不再居高临下，与孩子平等相处，孩子才会把他的真实想法告诉你。

告诉孩子"你是最棒的"

消除孩子的自卑，让孩子的心中永远充满信心，这样他才能健康长大，积极面对未来的生活和挑战。

1

一位妈妈带她的儿子去动物园看大象，大象周围有许多矮矮的木桩，大象就被一根细细的链子拴在这些木桩上。儿子产生了疑问："妈妈，这么大的大象，一定很有力气，可是它为什么不挣断这细细的链子逃跑呢？"

妈妈指着一头大象告诉他："这头象刚来到这里的时候还很小很小，当时就用这小木桩、矮棚圈着它，它当时很想挣断链子跑出去，可是由于力气小，每次都失败了，于是就失去了挣脱链子的信心。尽管它一天天长大，但不知道现在自己有很大的力量，用力挣一下，就能逃出来。它不敢这样想，当然也就不会这样去做，因而只好永远被锁在这里，老死在这里了。"

妈妈顺便抓住机会对孩子进行教育："你看，失去了信心是一件多么可怕的事情，所以将来不管你遇到什么困难和挫折，一定要相信自己，不能自卑。"

自卑是危险的。它会蒙蔽你的双眼,让你看不清自己的能力,认识不到自己。要消灭自卑,最佳途径就是在孩子幼年的时候,及时对他进行正确的引导,把自卑消灭在萌芽状态,这样,自卑感就会与孩子无缘。

2

一位黑人母亲带女儿到商场买衣服。一个白人店员拦住女儿,不让她进试衣间试穿,还傲慢地说:"这个试衣间只有白人才能用,你们只能去储藏室用那间专供黑人用的试衣间。"可母亲根本不予理睬,她对店员说:"我女儿今天如果不能进这间试衣间,我就换一家店购物!"女店员为留住生意,只好让她们进了这间试衣间。

又一次,女儿在一家店里摸了摸帽子而受到白人店员的训斥,这位母亲再次挺身而出:"请不要这样对我的女儿说话。"然后,她对女儿说:"康蒂,你现在把这店里每一顶你喜欢的帽子都试一下吧。"女儿快乐地按母亲的吩咐,真把每顶自己喜欢的帽子都试了一遍,那个女店员只能站在一旁干瞪眼。

面对生活中的各种歧视和不公,母亲对女儿说:"记住,孩子,这一切都会改变的。这种不公正不是你的错,你的肤色和你的家庭是你不可分割的一部分。这无法改变,也没有什么不对。要改变自己低下的社会地位,只有做得比别人更好!"

从那一刻起,不卑不亢成了女儿受用一生的财富。后来,她荣登《福布斯》杂志全世界最有权势女人宝座,她就是美国前国务卿赖斯。

赖斯小的时候，当她面对歧视和不公正的待遇时，如果她的母亲要求她忍让、顺从，那么，还会有今天的赖斯吗？不会，因为一个被自卑感包围的孩子，是没有勇气和力量去改变命运的。而赖斯的母亲显然意识到了这一点，因此，无论在什么情况下，她都鼓励赖斯，帮助她驱赶心中自卑的阴影，从而使赖斯能保持自信，这种自信帮助她一步一步走向国务卿那个令人尊敬的位置。

3

自卑是一种消极的自我评价或自我意识，对人的个性发展和身心健康有很大的危害。有些孩子无端地怀疑自己的能力，看不到自己的优点，总觉得自己不如人，处处低人一等，悲观失望，感觉有一种无形的压力使自己不能充分发展，这种心理压力就是自卑感。

奥地利心理学家阿尔弗雷德·阿德勒认为："自卑感起源于人在幼年时期由于无能而产生的不胜任与痛苦的感觉。"事实的确如此，自卑感就像一颗"毒瘤"一样在人体内生根、发芽，并逐渐侵蚀人们的勇气和信心。孩子有了自卑心理后，如果得不到正确的引导，那么就有可能因自卑而造成人格的不完善。充满自卑感的孩子无法很好地调整自己的心态，往往会演变成抗压能力差、脾气暴躁等不利于自身发展的性格特点。面对孩子的自卑感，妈妈应该用积极正面的能量去影响他。所以这要求我们在生活中要多鼓励孩子，面对孩子点点滴滴的进步，多给他竖起几个大拇指，多夸奖他的成长和进步，这样不但会增强他的自信，自卑的阴影也会渐渐消失，孩子也会重新收获阳光和乐观。

鼓励孩子,并帮助他再试一次

面对挫折,孩子可能会产生消极情绪,认为自己找不到好的解决办法,而选择了放弃。事实上,大部分孩子成长中面对的小烦恼都是暂时的,如果能够耐心地多做尝试,问题自然能迎刃而解。因此,妈妈要鼓励孩子积极寻找成功的方法,并帮助他多试几次。

1

小晖是一个开朗的小男孩, 他才上小学兴趣爱好就特别多。看到别人滑滑板,他想学滑板;看到别人弹吉他,他想学吉他;看到别人骑车很帅,他也想学骑车。他常常是看见什么回家便吵着要妈妈给他买。

小晖的妈妈看小晖这么好学便都给他买了回来,谁知他都是三分钟热度,跟着哥哥姐姐们学了几天就把东西丢在一边。妈妈问他:"小晖,你不是喜欢滑滑板、弹吉他、骑车吗? 妈妈给你买的可都是最好的,你不好好学那我就都扔了啊! "

小晖哪管妈妈生气,自己理直气壮地说:"那就扔了吧,反正我学不会了,滑滑板、骑车总是摔倒,疼死我了,弹吉他我又总找不着音调,弹得难听死了。"

妈妈听小晖这么说更生气了："你就是个败家子啊，学不会还要买，这不是白白浪费钱吗？"小晖也很郁闷地说："那我以后什么都不要，什么都不学，总行了吧？"

在这之后，小晖真的什么也没再让妈妈买过，妈妈很奇怪，但也没问小晖，以为他真的什么都不想要了。其实小晖一直很困惑，他总在想：自己真的很差劲吗？为什么学什么都学不成？同时他又有点内疚，让妈妈白花了好多钱。

久而久之，原本爱好广泛的小晖对什么都没了兴趣，整天就知道打游戏，和一帮"游戏高手"混在一起，他感觉只有在打游戏的时候自己才快乐。小晖的妈妈明白小孩沉迷于网络游戏很不利于成长，便把家里的电脑设置了密码，没想到小晖竟然偷了自己的钱跑去网吧打游戏。

等小晖回家之后，妈妈狠狠地教训了他一顿，但没过几天，小晖又开始去网吧打游戏了。小晖的妈妈不知道该怎么办，很是着急，担心他才上小学就沉迷于网络游戏，会毁掉自己的一生。

2

孩子成长的路上不可能一帆风顺，学会面对挫折是每个孩子必上的一课。挫折对于孩子的成长是一个硬币的两面。引导孩子积极对待挫折，孩子可能会越挫越勇；放任自流，任凭挫折打击孩子的信心，孩子可能就会一蹶不振。

影响孩子不能积极地面对挫折有以下几点原因：

首先，孩子的心智尚未成熟。孩子心理脆弱，没有经历过生活的磨砺，不能正确认识挫折，而且孩子的自控力差，面对挫折很容易放弃。当小晖过了一开始的热乎劲儿,发现了滑滑板和弹吉他的难度时,没有坚持学下去的勇气和信心,慢慢地失去了热情和动力,最终选择了放弃,这就是一个典型的例子。

其次,孩子的消极情绪无法自行排遣。孩子的自我调节能力差,很容易被消极情绪左右。当孩子遇到挫折时会产生担忧、惧怕等不良情绪,认为自己无法战胜挫折。如果妈妈不能及时发现他们的心理变化并加以疏导,他们就会陷入无助而无法自拔。故事里的小晖在遇到困难时,妈妈只是很生气地责备小晖,而没有认真倾听他的烦恼。小晖的消极情绪无从排遣,内心愈加产生怀疑,最后在巨大的心理压力下一蹶不振,沉迷到网络游戏中。如果妈妈能耐心地分析小晖的心理并告诉他面对困难要坚持,用鼓励的方式重新燃起小晖的信心,那么结果也许就会不同。

最后,孩子的思维还不够成熟,面对失败能够完全自主解决的能力较弱。生活经验的缺失,致使孩子一旦处在压力下,往往不能进行准确的判断和处理。所以,妈妈要适时适度地给予孩子帮助和鼓励。

3

当孩子遇到挫折时,他们首先需要的是安慰,而不是批评与惩罚。所以妈妈要体谅孩子的心情,谅解孩子的失败,多给孩子尝试的机会。

如果某次失败给孩子的打击特别大,孩子特别害怕再做类似的事,那么妈妈首先要帮助孩子走出失败的阴影,继而鼓励孩子积极上进。

妈妈可以教导孩子换个角度去看待问题，即使是失败和错误也是难得的收获，让他们看到事物美好的一面，以帮助孩子走出阴影；还可以带孩子去和小伙伴们做游戏，转移他们的注意力，让他们的消极情绪得以发泄后再鼓励他们继续尝试。

妈妈还可以带孩子看一些励志的动画片、儿童电影。孩子看到这些勇敢的小英雄，就会受到影响，从中获取力量。这样孩子很快就可以走出失败的阴影，学着积极上进。

与孩子相互信任、彼此尊重

良好的亲子关系不是孩子惧怕妈妈，而是妈妈与孩子相互信任、彼此尊重、共同成长。有了信任，孩子才能像朋友一样对你倾诉；有了尊重，孩子才会把你的信任与期待记在心上，化为动力不断进步。

1

毕明春是快递公司的司机，他的妻子在知名保险公司做业务员，他们有一个8岁的女儿。这个三口之家虽然不算富有，却过得非常和谐快乐。但是这些日子，他们生活的平静美好却因为一件事产生了裂痕。

已经上三年级的毕雨，这几天回到家什么都不说，把自己关在房间里，完全不理会父母。

原来，一个月前，小雨在放学路上捡回一只半大的哈士奇狗。老师对毕明春夫妇说，他们的女儿正处在学习品格形成的阶段，平时最好少做分散注意力的事情。看着女儿每天给小狗喂食、洗澡，甚至抱着小狗睡觉，毕明春夫妇莫名有些火大，于是对毕雨说："学习重要，不要总想着宠物的事！"

"爸爸妈妈，你们相信我，我每天回家都是先做好作业……"毕雨总是这样哀求。

毕雨的确做得很好，以前她偶尔还会做不完作业，有了这只狗后她每天回家都第一时间做作业。然而，毕明春夫妇还是看这只哈士奇不顺眼："这是大型犬啊，没准儿还是谁家丢的……每天为了伺候它得花多少钱！"于是有一天，在毕雨上学后，夫妻俩偷偷把狗卖给了狗贩子。

毕雨回来看到小狗不在了，哭得很伤心。然而更让她伤心的是，当爸爸再打电话给狗贩子时，对方说小狗已经装车运走了，不知道发到哪里去了。

一个月快过去了，眼看女儿真把自己当仇人了，夫妻俩慌了。他们没想到，一只小狗，竟然也能破坏亲子之间的关系。

在这个故事中，无论毕雨怎么认真地投入学习中，她还是没有得到父母对自己的信任；再加上父母没有跟她沟通就把小狗卖了，深深地伤害了她的感情。经过这样的事，毕雨对父母再无信任感可言，她觉得自己完全没有被尊重，最终导致了亲子之间关系的疏离和冷淡。

2

新来的老师刚做班主任就遇到了一件头疼的事：班上的晓林想要退学。

她看着晓林，回想他跟自己仅有的接触。她觉得晓林不太像很调皮很不上进的学生。她问道："你为什么要退学？"晓林看着自己的脚尖，说："上学太累了，我不想上了。"

老师问："你跟爸爸妈妈谈过了吗？"他淡淡地说："他们没什么意见。"

老师问："他们真的同意？"他毫不犹豫地说："不知道。我也不在乎。"

老师找借口拖延："你先回去上课，这事我决定不了，我先问问教务处的老师。"

之后，班主任找了班上的同学了解晓林的情况，还走访了晓林的亲戚，终于了解了大概的情况。原来，晓林三年前转到现在的学校，是经母亲一手包办的。而他的母亲就是本校最好的数学老师。一些同学知道晓林的母亲是有名的数学老师后，有点疏远他，甚至说一些难听的话。晓林的性格本来就不开朗，转学过来后没有交到一个朋友，还要时常被任课老师打"小报告"：他在课堂、考试中的消极表现都传到了母亲那里。他的母亲强势而虚荣，知道他的表现不好，就经常狠狠地批评他。

环顾四周，发现不少做妈妈的常常像毕雨或晓林的妈妈一样，忽视孩子的感受和情感需求，一味地用自己的思维方式对孩子提出要求，甚至压制和干涉他们。如在与孩子沟通的过程中，粗暴地打断和拒绝,完全没有尊重可言。久而久之,孩子的自尊心受到伤害,人也会变得越来越封闭与消极。

3

　　大人和孩子对待事物的看法存在分歧是很常见的现象。这时,妈妈应该尊重孩子的想法、理解孩子的心情、倾听孩子的诉说、宽容孩子的行为,在孩子想要发表自己的想法和观点时,给予积极的赏识和尊重,然后去想办法调和彼此的矛盾。反之,一味地去打压孩子的想法,做伤害孩子感情的事情,只会引起孩子的反感,造成亲子关系的不合甚至彻底破裂。

　　孩子得到关心和爱护,才会心情愉快,身心皆健,心中充满爱与归属感;反之则会令孩子的内心变得消极和冷漠。

　　妈妈的尊重会给孩子建构一个健全的人格;妈妈的信任能让孩子感到愉悦和满足,提升幸福指数。妈妈在教育过程中给予孩子充分的尊重和信任尤为重要。

可以表扬孩子,但不能过分炫耀

尽管心理教育专家指出,过分炫耀孩子聪明是对孩子的一种践踏。然而,在如今这个"秀"时代,妈妈能做到不炫耀孩子实在不易。

1

小戚的女儿丹丹两岁多了,刚入幼儿园。丹丹聪明伶俐,除了爱唱歌、会跳舞,还能背诵古诗词。最近,小戚又教会了孩子算术。

这一天晚饭后,小戚带着丹丹在楼下跟街坊邻居们一起乘凉。大人们七言八语,孩子们叽叽喳喳,很热闹。

孩子们玩着玩着,丹丹就唱起了儿歌,挺好听的。她刚唱完,小戚就对她说:"丹丹,咱们算算术吧,好吗?"

"好!"丹丹奶声奶气地答道。

"一加一等于几?"小戚问。

"等于二。"丹丹应声答道。

"一加二等于几?"小戚又问。

"等于三。"丹丹又答道。

"二加二等于几?"小戚接着问。

"等于四。"丹丹没有被难住。

"四加四等于几？"小戚加大了问题的难度。

"等于八。"丹丹略微思考了一下，还是答了出来。

周围的大人们都鼓起了掌，大家不由得对丹丹的聪明啧啧称奇。

就在这时，一个上小学的男孩儿凑过来插了一句："八加八等于几？"

"等于四。"丹丹不假思索地说。

人们一听都笑了起来，而小戚则不高兴地对那个男孩叱道："谁让你瞎问的？"男孩儿不好意思地吐了一下舌头跑开了。

2

宋朝王安石的作品《临川先生文集》里，有一个"伤仲永"的故事。主人公是一个叫方仲永的神童，天生才华出众，5岁便可指物作诗，被父亲带着四处炫耀，没有继续接受教育，最终沦为普通人。王安石总结：仲永的通晓、领悟能力是天赋，他的天资比一般有才能的人高得多。他最终成为一个平凡的人，是因为他没有受到后天的教育。可见人的知识、才能绝不可单纯依靠天资，必须注重后天的教育和学习。而愚昧无知、贪图蝇头小利的方父，只知道领着儿子到处炫耀，却不加强孩子的后天教育，才使得天资卓越的方仲永成了一个悲剧。

试想一下，如果方父不领着孩子到处炫耀，而是静下心来，让孩子潜心学习，以方仲永的资质，会"泯然众人"吗？

每个孩子都有自己的天分，都有可以雕琢的部分，这种雕琢

就是后天的学习。而过度炫耀孩子天分的行为，只会助长孩子骄傲自满的心理，引起天赋的荒废。业精于勤荒于嬉，没有后天的勤奋刻苦，再有天赋的孩子也无法成材。

另外，孩子的模仿能力很强，作为孩子的第一任老师，父母喜欢炫耀，孩子也就学会了炫耀，不但炫耀自己，而且会炫耀父母给自己买了什么新玩具、过年给了多少压岁钱、家里有什么车、住多大的房子等等。凡此种种，都不利于孩子的身体发育和健康成长。

曾经出现过这样一种情景：一个经常被家长炫耀"聪明、智商高"的孩子，在一次考试中取得了不错的成绩，发试卷时，老师特地表扬了他，夸他是个聪明的孩子。正当老师对他大加赞赏并希望别的同学向他学习时，他却得意地告诉周围的同学："嗨！这是智商的问题！因为我聪明、智商高，不用学习也能得高分……"可见孩子心中的骄傲已经滋长到多么严重的地步。

3

案例显示，经常被炫耀"聪明"的孩子，平常做事容易满足于现状，不喜欢挑战。

把孩子当作炫耀品，虽然满足了父母的虚荣心，但埋下的隐患也很多。首先，容易引起孩子的反感，很多孩子不愿意充当父母的谈资，过分地被炫耀可能会引起孩子的厌烦。其次，经常炫耀孩子，很容易助长孩子的优越感和攀比心理，陷入嫉妒的旋涡中。

每个孩子都是优秀的，关键在于父母如何引导和教育。父母对于孩子的优点、长处、成绩等，需要肯定，但不能奉承；需要表扬，但不能炫耀。

放弃那个"别人家的孩子"

在茫茫宇宙之中,存在着一种神奇的生物,叫作"别人家的孩子",这个"别人家的孩子"方方面面都很优秀,不仅有着优异的成绩,温婉的性格,琴棋书画样样精通,而且在人生的道路上一路披荆斩棘,步步高升,展现出来的都是十全十美!相比于这个"别人家的孩子",我们这些"自家的孩子"也许只能拥有比"别人家的孩子"差的成绩,考个比"别人家的孩子"烂的学校,挣扎在生活的烦恼中,处处相形见绌。

1

现在我们已经为人父母,但我们也还能清晰地记忆起,小的时候,被我们的父母将自己与"别人家的孩子"进行对比的苦恼——我们也曾因学习成绩、才艺或者仅仅是日常的一些小事被拿来对比过,而我们的父母则会趁机向我们灌输别人家孩子的懂事乖巧,借以劝诫我们要听话要懂事……

我们都体验过这样的教育带给我们的煎熬与无奈,为什么还要不自觉地加在我们的孩子身上呢?为什么这样的教育还要在他们身上上演一次呢?

父母总是试图用"别人家的孩子"和"自家的孩子"作比较,潜

意识里觉得，这样可以让"自家的孩子"知耻而后勇，但其效果似乎只会让"自家的孩子"知劣而退缩。不断地表扬"别人家的孩子"贬低"自家的孩子"，这更像是在对孩子暗示："你只有跟别人家的孩子一样足够优秀才能够配得上我的爱！"这会让孩子觉得亲子关系更像是一场有条件的交易，而不是一种感情。

事实上，每一次这样的比较都只会加深对"自家的孩子"自尊心和自信心的伤害，只会让孩子感到自愧不如。时间长了自卑的情绪就会像一堵坚实的墙壁，隔绝了孩子与外界沟通的渴望，隔绝了自信和成功。

2

公务员陈梅佳曾经因为"别人家的孩子"而与女儿有过一段不开心的经历。那时女儿上初二，有一次她无意中在女儿面前说起同事的女儿在英语竞赛中获得了二等奖。哪知女儿非常敏感，立马很委屈地说："为什么你们总是说别人的好？你找别人的女儿做你的女儿好了！"

以前看到女儿类似的反应，陈梅佳都会认为女儿不够虚心，见不得她表扬别人。可是这次女儿竟然说出"你找别人的女儿做你的女儿好了"，她才觉得问题有点严重。

冷静下来一想，陈梅佳意识到不该用这种"激将法"，她的本意是激发女儿学习的斗志，哪知倒让女儿越来越觉得自己不如人，对自己失去信心。

陈梅佳说："我们总是一眼就能洞察别人家孩子的优点，却对自家孩子的长处视而不见。我们也总是不遗余力地去夸赞别人家孩子的优秀,却对自家孩子吝惜一句真心的赞美。后来,我和丈夫决定把自己的孩子当成'别人家的孩子'来看待,多发掘孩子身上的优点,多给予赞美之词,渐渐地,我们发现孩子变得开心了,对学习的自信心也增强了。"

3

我们应该竭力克制心中的虚荣,这样就不会沉迷于将我们的孩子跟别人家的孩子作比较。须知每一个孩子都有自己的个性,每一个孩子都应该在他实际的基础上发展,而不是做其他孩子的复制品。

卢梭说过一句经典名言:"父母费了大力气,辛辛苦苦把孩子教坏之后,又抱怨他怎么变成这样的人。"父母们赶紧觉醒吧!放弃这个"别人家的孩子",放弃将自家孩子与所谓的"别人家的孩子"作比较。既然我们爱孩子,就不要爱得有条件。

我们要让孩子体会到我们对他真真切切的、无条件的、无代价的爱,我们可以引导他与昨天的自己作比较,每天比昨天进步一点点就可以。对于孩子的进步,我们看在眼里,记在心里,还要表达在嘴里——要适时适当地、真心地、热情地鼓励和表扬自己的孩子。

世界上没有两片相同的树叶,同样也没有两个人是一样的,每个人都有他独特的天赋、性格和能力,每一个孩子都是一笔宝藏。为人父母者,要善于发现孩子身上的闪光点,你会发现每个孩子都有可爱之处。多对你的孩子进行鼓励,他自然会回馈给你更多。

与其一味指责,不如多加引导

孩子犯错了,总免不了被父母痛斥一顿。很多父母,尤其是妈妈,批评完之后,就忘了该做什么。孩子被狠狠批评了之后,却不知道错在哪儿。出现这种情况,就是因为父母只知道批评孩子,而没有引导孩子认识错误、改正错误。结果孩子丝毫不为自己所犯的错感到愧疚,反而会听不进父母的批评,甚至反感父母的批评和教育。

1

一次,女儿主动提出帮姚爽洗碗,姚爽非常开心,就答应了。姚爽特意买了一个小凳子,好让女儿站在上面,把双手伸在水池里洗碗。第一次洗碗的时候,女儿不太熟练,把一个盘子摔在了地上。说真的,当时姚爽非常生气,因为事前她千叮万嘱,叫女儿小心一点。但是考虑到女儿那么小,就知道主动分担家务,姚爽就压住了火气,平静地对她说:"宝贝,别紧张,妈妈当年洗碗的时候,也经常摔破碗碟,你的表现比妈妈第一次洗碗的时候好。"

女儿犯错后,发现自己不但没有挨批评,还得到了妈妈的鼓励,显得放松了很多。这时姚爽再认真地对她说:"宝贝,洗碗的时候,要一手捏住碗沿,一手用抹布抹碗,动作不要急,按部就班地涂洗碗的各个部分,知道了吗?"

得到姚爽的指导后,女儿自信心增强了很多,动作非常熟练,并得到了家人的夸奖。在后来的日子里,每次吃完饭,女儿都主动和姚爽一起洗碗。

孩子犯错后,父母严厉的指责对孩子认识错误和改正错误无益,而且原本孩子犯错后产生的愧疚心理也会在遭受指责后变成对父母的反抗。更糟的是,如果孩子一犯错误,就被许多批评声围绕,他可能会产生强烈的自责感。而这种情况如果多次出现,孩子就可能变得自卑和消极。

正确的做法是,在孩子犯错后,对孩子多一些指导,少一些批评。让孩子明白错在哪里,怎样改正和避免,孩子才会进步。

2

周末,紫陌带儿子欢欢去一个新开的儿童游乐场玩。欢欢玩得非常开心,表现也很不错。中午休息的时候,欢欢不小心把水弄到了裤子上,紫陌让他把裤子脱下来摊开放到太阳底下的草坪上晒干。紫陌说了几次,欢欢都不知道怎么放,总是把裤子随便丢到草坪上,这样裤子就缩成了一团。

紫陌一时气急,竟然连续说了两次:"你真蠢!"话一出口,紫陌就后悔了。好在欢欢还小,不太明白她的意思,但是看到她生气的表情,他也很泄气。不过他仍然没有放弃,仍然坚持看紫陌怎么教他,认真听她说。

随后,紫陌陪欢欢玩一个转盘游戏。她见欢欢玩得特别开心,就尝试着去玩,可是紫陌没有玩过这种游戏,不知道怎样才能使

椅子转起来,就随口问了一句:"这个怎么转呢?"欢欢非常聪明,他一下子就教会了紫陌。

看到紫陌顺利地转起来,欢欢高兴得直拍手。而紫陌却没那么高兴。因为她想起刚才说欢欢"蠢",其实欢欢很聪明,只不过紫陌刚才缺乏耐心,才说了那句不该说的话。紫陌在心底真的想给欢欢道歉,但她知道欢欢还不太明白。所以,紫陌当时下定决心,今后再也不会说他笨或蠢了。

3

生活中,孩子犯错后,有些父母会非常生气,他们动辄责骂孩子。殊不知,这样做是不理智的。如果你经常在孩子犯错后辱骂他,他就可能朝你所骂的样子发展。其实你要做的只是客观地指出孩子的错误,然后告诉孩子怎么避免错误就可以了。

比如,孩子不小心碰翻了桌上的一杯水,你首先要做的不是批评孩子,而是和孩子收拾残局,然后告诉孩子如何面对这类麻烦。你要让孩子知道,你相信他不是有意碰翻那杯水的,让孩子感受到信任和关怀。

当你做到这一点时,孩子绝对不会错过悔过自新的机会。他会积极地和你一起打扫现场,并为自己的过错深感自责,当然,他会告诉自己:再也不会犯这样的错误。因为你没有批评他,你是在引导他,这在孩子看来是你给他改错的机会,孩子会倍加珍惜。

父母要做好自我调整,以平常心看待自己的孩子,根据孩子的生理、心理特点,因材施教。避免说出一些带情绪的"恶语",因为这些话语会刺伤孩子的自尊和心灵。

父母要知道,批评和引导不是相互孤立的,教育孩子需要批评,更需要引导。批评少一点,引导多一点,两者结合起来,才会发挥最佳的教育效果。

叛逆期,妈妈可以这样做

孩子叛逆期有早有晚,只要到了叛逆期,妈妈就陷入了巨大的恐慌之中,孩子油盐不进、冷暖不分、说什么都不听,无法沟通、不能说教,一不小心就会弄巧成拙。我们应该怎么做?

1

桃子是独生女,桃子的妈妈爱女心切,希望把桃子培养成社会的顶尖人物,所以对桃子的管教从小就非常严格。从小学开始,桃子每天早上5点钟就要起床背英语,6点要去小区跑步,7点准时吃完早餐去上学,下午放学后按时回家,晚归时间不能超过20分钟。吃完晚饭后,桃子立刻就被妈妈送去上各种各样的兴趣班。

这是妈妈对她学习上的要求,在生活中,妈妈也有一大堆要求:桃子不能乱交朋友,不能和同学一起去KTV、网吧等娱乐场所,出去游玩必须有爸爸或妈妈的陪同,零花钱的使用必须一一

上报……

如果做不到这些,桃子的妈妈就会对桃子进行责骂,甚至会采用类似体罚等很粗暴的方式,希望桃子能够"记住教训"。在这样的重压下,桃子变得成绩优秀、乖巧听话,亲戚朋友都说,桃子是好孩子,很少让爸爸妈妈操心。

可是,到了初三的关键时期,桃子却变成了另一个人,不仅经常逃课,而且还结交了社会上不学无术的朋友。桃子的妈妈知道后,狠狠地打了桃子一顿,她原以为桃子会就此改正,谁知桃子非但没有改,反而变得更叛逆了,她还特地去打了耳洞,似乎在跟妈妈"宣战"。

其实,桃子正处于青春叛逆期,她在各个方面都希望独立,喜欢尝试一些之前没有做过的事情。在她小的时候,因为妈妈管得过于严格,而不敢和妈妈抗衡。但是她会把这些渴望一直放在心里,等到自己有足够强大的心理承受能力时,再与妈妈"对抗"。

此时,桃子的妈妈应当适时地放松对孩子的管教,这样才能让孩子慢慢地消化她的"叛逆"心理。

2

顾玲的女儿小美今年10岁了,小美喜欢按照自己的方式去做事。一天,顾玲做好饭喊小美吃饭,不料一直在看电视的小美听到妈妈的喊声竟然回屋写作业去了。

"先来吃饭好不,等吃完饭再写行吗?"

任凭顾玲怎么和女儿说,小美就是非要坚持自己的做法——写完作业再吃饭。最终,顾玲和老公只好等小美写完作业,一家人再一起吃饭。

有时候，小美也会很明显地和顾玲"对着干"，这让顾玲既生气又觉得无可奈何。

在学习上小美也有这种叛逆心理。如果她喜欢某科的任课老师，她的那科成绩就会很好；如果她不喜欢某个老师的话，那么她那科的成绩也一定差得一塌糊涂。

孩子从小学进入中学是他们成长的飞跃，他们开始有了成人意识，相对独立活动的愿望也会变得越来越强烈。现实中，他们一方面急于摆脱父母的管束，另一方面却又必须依赖父母而生存。这个时期的孩子缺乏生活经验，不能正确地理解自尊，而是一味地要求别人把他们当作成人来看待。

如果这个时候家长还是把他们当成小孩子来看待，在他们的生活和学习上都给予无微不至的关怀和叮咛，孩子就会觉得烦，觉得家长伤害了自己的自尊心，从而产生反抗心理。

当孩子有了叛逆心理的时候，他们往往不愿意按照父母的要求做听话的乖孩子。这时，父母与其苦苦地压制，不如利用孩子的叛逆心理，巧妙地激发孩子的进取心。

3

有一部电影，说的是一个上班族的家庭，家中有个不喜欢读书且十分叛逆的孩子，注重教育的母亲给孩子请来了一位家庭教师。一般的家庭教师都是和孩子一起做功课，但影片中的这位家庭教师却不同，他不但不教功课，反倒成天和孩子打棒球。

母亲开始对这位家庭教师感到不满，然而，有一天，师生两人

在玩球时，她却突然听到孩子说出了"我想读书"这句话。

为什么孩子突然表示他想要用功读书？原因是他在和原本有亲近感的书本隔离后，反而加强了他的读书欲望。换句话说，孩子原本就有对"用功读书"的自我实现的欲望，但也存在着厌烦心理，游戏使他远离书本，也让他深感不安，从而刺激他表现出读书的欲望。

这种"逆疗法"对让孩子主动用功颇具效果，妈妈们也可以尝试一下。

总之，每个孩子都会有叛逆期，妈妈们要先把心态放轻松，并不是事事都要纵容孩子，也不是要对孩子叛逆的行为不予理睬，而是要让孩子自己发现做某件事的坏处，从而让他们有意识地改变自己的任性行为。

需要提醒的是，对叛逆的孩子，妈妈们要禁忌唠叨和无休止的指责。

第三章

独立的能量：

妈妈不是孩子的用人

多给孩子创造独立做事的机会

有一位教育工作者曾经说过，如果你想让你的孩子早日独立，那么就应该教会他如何去从事工作，并养成习惯。将孩子培养成一个自强自立的人，是每个家长的心愿，也是父母给予孩子最珍贵的礼物。当孩子拥有了独立的能力时，他的学习能力会更好，他的耐挫能力也会更强。

1

傍晚时分，妈妈正在准备晚饭，忽然发现家里菜不多了，可是煤气炉上还炖着鱼，自己走不开，家里只有6岁的儿子在。

她想，是时候让儿子接受锻炼了。她把儿子叫到厨房，给了他10元钱，说："儿子你去菜场买一把青菜，剩下的钱都是你的，想买什么就买什么。"

儿子非常不情愿，因为自己还没有独自去过菜场。妈妈讲清了自己的难处，鼓励他，说很多小朋友都做得到，妈妈相信你也能做到。

儿子终于拿着钱走了，妈妈却担心起来了。万一出了事怎么办？

锅里的鱼炖好了，妈妈关了火看了看表，儿子去了快20分钟了，怎么还没回来？

又过了5分钟，妈妈终于坐不住了，她把围裙一扔，抓了钥匙就往外走，结果刚出楼道，就看见儿子回来了。

儿子看起来很高兴，他一手提着菜，一手拿着吃了一半的冰棍。妈妈笑着问："怎么这么久才回来？"

原来，儿子一出门有点胆小，在楼道口犹豫了很久，他看见院子里有一个跳绳的小姐姐，就拉着她一起去了菜场，回来的时候他也给她买了一根冰棍。

妈妈想，儿子虽然胆子小，但挺会找方法，不管怎么说他独立解决了难题，还是很棒的。

2

一天，10岁的女孩玲玲正在房间里玩，妈妈敲敲门走进来，将她房间里散乱的玩具收起来，书本一本一本摆好，还让她把穿着的衣服换下来。玲玲很不开心，一来自己的游戏被打断了，二来她有一种"被安排"的感觉："妈妈！我又不是小孩子，这些事我自己能做！"

妈妈听了没有直接反驳她，而想用现实证明女儿还不行。机会很快就有了，这一周爸爸要出差三天，妈妈借机说："玲玲啊，爸爸出差去了，妈妈这一周也要出差，可能有四五天不能回来，宝贝你自己照顾好自己。"妈妈出门的时候有些得意，她想这样一来女儿肯定就会明白，她是离不开自己的。

前两天妈妈还有些自得，第三天开始她就有些担心了。没等到中午,她就急匆匆地赶回家。刚打开门,妈妈就看到了正在扫地的玲玲。玲玲有些诧异。妈妈笑了笑,一边换鞋一边往屋里看:沙发很整洁,茶几上还有水光,好像刚擦过。她走回卧室,途中瞄了一眼玲玲的房间——很干净!虽然不能完全达到自己的标准,但确实是收拾整理过的。

突然间妈妈觉得自己用事实证明了自己的错误,原来,孩子是能够独立做事的。看来,以前是自己太溺爱孩子了。

3

由此可见,有时候妈妈大可不必过分担心自己的孩子,更不可低估了孩子的能力,孩子自有他的办法。只要告诉孩子必要的安全知识,大可放手让孩子去做一些力所能及的事,早一点体验独立的生活。妈妈只需像朋友一样站在孩子的身边,做他的参谋和启蒙老师,但最终的决定权一定要交到孩子手上。当发现孩子的一些决断明显欠周到时,妈妈可以通过与孩子共同探讨的方式,让他认识到自己的问题,然后再让他调整自己的决定。

需要注意的是,任何人都可能犯错误,既然妈妈已经把一些事情交给孩子去做,就要允许孩子犯错误。不要因为害怕孩子把事情做砸了,就不让孩子做出尝试。因为犯错本身对孩子来说也是一次学习的机会,可以借此培养孩子的自我反省能力,让孩子找出失败的原因,然后及时调整自己的行为。

妈妈在孩子没做好事情时责罚他,这是一种不明智的做法。妈妈经常这么做,就会扼杀孩子自主做事的积极性,会让孩子畏缩不前,不敢尝试。

　　自立与自强总是结合在一起的。自强，意味着自力更生、奋发图强；自立，意味着在困难面前知难而进、顽强拼搏。

　　要让孩子意识到，一个人无论做什么事情都不要想着依靠别人，一味依靠别人的人长大以后是没有出息的。美好的生活要靠自己的双手去创造，这样才会收获幸福和他人的尊重。

　　当然，孩子独立自主能力的培养不是一朝一夕的事情，妈妈在这个过程中要给予孩子足够的耐心。

让孩子自己决定过什么样的生活

　　想培养孩子独立自主的能力，首先要让他拥有自己的主见和思维，让孩子自己决定要过什么样的生活。这就要求我们尊重孩子的选择，不强求孩子参加培训，不替孩子决定读什么样的书，讲什么样的话，走什么样的路，以及过什么样的生活。

1

　　夏令营前一夜，妈妈把整理好的东西放在孩子床头，并对孩子说："孩子，你要带的东西妈妈帮你整理好了，明天别忘记了啊。"

孩子外出玩耍刚回家,妈妈便对孩子说:"孩子,以后别总是和那些调皮的孩子一块玩。多和楼上的欣欣玩,人家学习多好,多向人家学习学习。"

超市里,妈妈拿过孩子手里的玩具,对孩子说:"这个玩具不好,还是那个能锻炼智力。"

从这些场景当中,我们都可以看到,妈妈在限制孩子的行为和思维。孩子到底要什么、喜欢什么,妈妈并不知道。她们只是在按照自己的经验和惯性思维来"帮助"孩子选择,强行告诉孩子这个不能做,那个不能拿,这个朋友不能交,那个人有什么缺点。

在家庭教育中,听话的孩子比不听话的孩子更讨妈妈喜欢。但是不知道妈妈们想过没有?强求孩子听话和顺从,本身就是对孩子的主见和独立人格的抹杀。

2

很多妈妈溺爱孩子,不仅表现在代替他们做生活中的事,更表现在代替了他们思考并做出选择。

小陈才上高一,妈妈就专门托人打听了高考填报志愿的事情,还特地规划了很多个志愿,写得密密麻麻的拿给孩子看。

小陈一看不禁皱起了眉头:"妈,我才上高一,你说这些是不是太早了?"

"做事情要趁早,你现在选好了将来的方向,不就可以向着这个方向发展了吗?你看,金融专业如何?或者工程设计学也不错,你喜欢哪个?"

"妈!我想当个音乐老师,我喜欢弹钢琴、吉他,而且我理科也

不好……"

小陈妈妈一听，大发雷霆："没出息！男孩子搞什么音乐！就是你要当老师也应该当主科的，什么音乐老师，从今天起不许你弹吉他！"

"老妈，你是更年期了吧！"小陈也火了，开始顶嘴，"整天没事找事！"说着，小陈跑回自己的房间，故意拿出吉他一阵乱拨，那声音像是在向妈妈示威。

小陈妈妈又是伤心又是气愤，自己都是为了孩子好，居然被他说成"更年期"？

其实，很多妈妈都像小陈的妈妈一样，打着"为你好"的名义，剥夺孩子自主思考与自主选择的权力，让孩子抛弃自己的思想，用自己的思想填充孩子的头脑。于是，孩子就成了妈妈手里的一块柔软的橡皮泥，任其随心所欲地"捏"。妈妈本想塑造出成功的孩子，结果却造就了一个没有头脑、缺乏独立性格的人。

有一个心理学家做过一个分析和研究。结果表明，当被问及"你要喝什么"时，回答"我想喝咖啡，不想喝红茶"的人比回答"什么都可以"的人在社会上更有作为。因为这样的人遇事能有自己的主张而且敢于表达自己的主张。因此，妈妈要试着让孩子表达自己的想法，不要总被妈妈的想法牵着走。

事实上，独立的见解是孩子可以受用一生的宝贵财富。妈妈在家庭教育中，可以给予孩子必要的建议和引导，但不要事事替他们做主，应该尊重孩子的看法，鼓励他们坚持自己的见解。

3

那么,如何鼓励孩子坚持自己的见解呢?

首先,我们不妨从小事开始。让孩子决定自己的食物和着装,让他们有这个权力去决定口味和形象。在保证孩子饮食均衡的情况下,让孩子自己选择先吃什么后吃什么,让孩子自己决定穿哪件衣服,买哪些衣服。

其次,让孩子自己决定玩什么,跟谁玩。孩子都是在游戏中学习、在玩乐中成长的,让他们选择更有兴趣的玩具和玩伴,满足孩子的自主意识,能帮助孩子成为一个有主见的人。

最后,要经常询问孩子的想法,让孩子参与进决策中来。一个人如果没有自己的想法,是很可怕的事情。所以,妈妈们要经常咨询孩子的意见和建议,让孩子有充分表达自己愿望和独立思考的机会。

从小培养孩子的良好习惯

美国著名心理学家威廉·詹姆斯有这样一句经典名言:"播下一种行为,你将收获一种习惯;播下一种习惯,你将收获一种性格;播下一种性格,你将收获一种命运。"习惯与一个人未来的成

就息息相关，从小培养孩子养成良好的习惯，就是为他以后的人生打好基础。

1

1978年，75位诺贝尔奖获得者在巴黎聚会。人们对于诺贝尔奖获得者非常崇敬，有个记者问其中一位："在您的一生里，您认为最重要的东西是在哪所大学、哪所实验室里学到的呢？"

这位白发苍苍的诺贝尔奖获得者平静地回答："是在幼儿园。"

记者感到非常惊奇，又问道："为什么是在幼儿园呢？您认为您在幼儿园里学到了什么呢？"

诺贝尔奖获得者微笑着回答："在幼儿园里，我学会了很多很多。比如，把自己的东西分一半给小伙伴们，不是自己的东西不要拿，东西要放整齐，饭前要洗手，午饭后要休息，做了错事要表示歉意，学习要多思考，要仔细观察大自然。我认为，我学到的全部东西就是这些。"

所有在场的人对这位诺贝尔奖获得者的回答报以热烈的掌声。事实上，那些良好的习惯，都是从小父母和老师教给我们的。

英国唯物主义哲学家、现代实验科学的始祖、科学归纳法的奠基人培根，一生成就斐然。他在谈到习惯时深有感触地说："习惯真是一种顽强而巨大的力量，它可以主宰人的一生。因此，人从幼年起就应该通过教育培养一种良好的习惯。"

联系现实生活中的人和事，再仔细分析一下，就会越发感到习惯带给人的巨大影响。放到孩子的教育上，想要孩子获得较好的学习成绩，首先就要注重他学习习惯的培养和匡正。

2

培养孩子学习和做事的习惯，首先要培养他认真和不轻易放弃的态度。

很多时候，当孩子独自面对难题却想不出好的办法时，会比较容易产生放弃的念头，反映到做事的态度上会变得消极怠慢，敷衍了事。

妈妈一定要让你的孩子明白这样一个道理：认真，也就意味着节省更多的时间和劳动。让他学会对自己的事情负责，不要拖延，甚至可以采取一些适当的奖惩措施，督促孩子坚持完成一件事。

"三天打鱼，两天晒网"或者"虎头蛇尾"的做事方式，只会把孩子拉进失败的旋涡。而一个做事有始有终的孩子，一定会认真、负责地对待每一件事情，进而凭借不断的努力走向成功。

做事有始有终是一种重要的素质，对孩子的耐性、自制力和责任心都是挑战。孩子做事总是有头无尾、不能坚持是责任心不强的表现。长期如此，孩子的耐性和意志力将会很差，在学习和生活中可能会虎头蛇尾，不利于他们的成长和发展，未来融入社会也会处处艰难。因此，培养孩子做事有始有终的好习惯是至关重要的。

3

网络上流行一个异常搞笑的韩剧视频，说的是开学前一天，女儿大哭大喊着说暑假作业只字未动，于是妈妈紧急召唤全家三个姐妹，连同自己的妈妈——孩子的外婆，一帮女人，连夜赶工，替孩子补暑假日记、画图，而孩子却在边上挖鼻孔、看电视……好不容易写完了日记，已经是夜里11点了，刚睡下，孩子又突然想起来，暑假日记必须有全家福的照片，于是妈妈只得挨个去叫已经睡下的姐妹们，换衣服，拍照片。丈夫气得打了孩子几下，孩子哇哇大哭，妈妈心疼地说："别打啦，作业都来不及做了……"

忙碌到半夜，总算完成了孩子的暑假作业，第二天早上，妈妈送孩子去上学，路上遇到孩子的同学提着一个笼子，妈妈一问才知道，暑假作业里还有一项"采集昆虫标本"的任务。女儿一听，当场又是号啕大哭，说什么也不去上学了。这下，妈妈也急了，一边拿着网兜在公园里扑昆虫，一边也忍不住边骂边哭，惹得路人纷纷围观……

很多人留言说："这孩子简直就是我家孩子的翻版！""可怜的妈妈啊！""我们家那个也是这样，到了开学前说有80首诗没抄，害我们帮着赶……"

的确，当孩子遇到问题时，很多妈妈为了减少麻烦，不让孩子受累，便出面替孩子完成任务，而不是教孩子如何解决问题。这样做也许会使得孩子暂时轻松了，却不利于他们责任感的培养。

一方面孩子对妈妈的依赖会与日俱增，另一方面孩子的能力得不到锻炼，对其成长大为不利。面对以后来自生活的挑战，孩子既没有能力，也没有良好的心态去应对，他能做的只剩下逃避，那么责任感从何而来？

所以，当孩子遇到困难时，妈妈一定不能代劳，而要正确引导孩子，教孩子学会解决问题的方法，让孩子自己去完成任务，从而培养孩子做事有始有终的好习惯。

让孩子对自己负责

如果把孩子比作一张白纸,那么,画笔应当握在他们自己的手里。你的任务,只是带他们去外面看风景,长见识。因此,为了让孩子有一个美好的未来,好妈妈应该学会让孩子做自己的主人,让他们自己去书写自己的人生。

1

康康特别不爱学习,每天写作业都像在应付差事,写完就万事大吉,从来都不检查。遇到不会做的题,就留在那里等爸爸妈妈检查他的作业时,再一点一点教他,从来都不愿意自己动脑子解决问题。

有一次,康康的爸爸妈妈出去参加朋友聚会,晚上回来得有些晚,回来时康康已经睡了。妈妈见客厅的茶几上摊着康康的作业本,作业本旁边是康康留的小纸条,上面写着:"妈妈,这几道题我不会做,请代劳。"这让妈妈有些哭笑不得。

第二天康康放学后,妈妈因为这件事把康康好好批评了一通。妈妈说:"老师留家庭作业的目的是锻炼你独立解决问题的能力和独立思考的能力,而且,老师布置的作业和你当天学的课本知识紧密相关，只要你认真思考，完全可以自己完成。你为什么不能自己动脑解决？为什么要让我'代劳'？你上学是我受益吗？我现在是可以为你做，但我能为你做一辈子吗？你现在不努力学习，将来怎么办……"

经过妈妈的一番批评教育，康康明白了他上学是为了他自己能学有所成，能有个美好的未来，而不是为了爸爸妈妈。渐渐地，康康在学习的时候变得越来越努力了。

2

优优刚上小学的时候，每天早上都赖在床上不肯起来，得大人叫好几遍才起床。起床后匆匆忙忙洗漱、吃饭、上学，从来不叠自己的被子，每天都是妈妈帮他整理床铺和房间。

优优上小学二年级的时候，有个周六，他睡到上午十点钟才起床。起床后还和平时一样，照样不叠被子，任被子乱糟糟地堆在床上。

妈妈看到后，马上把优优批评了一顿："你已经很大了，应该知道自己的事要自己做了。你是喜欢被子这样胡乱地堆在床上，还是觉得一会儿我会帮你叠？你觉得被子这样乱糟糟地堆在床上好看吗？"

在妈妈的批评下，优优认识到了自己的错误，马上把床上的被子给叠整齐了。然而，第二天早上，他又和从前一样，被子不叠就开始洗脸吃饭，吃过饭就跑出去玩了。等他中午回来，妈妈又把他批评了一顿，并要求他每天早上提前五分钟起床，叠完被子才能吃早餐。

后来,经过妈妈多次批评教育,优优才慢慢养成早晨起床后自己叠被子的习惯。

3

在平时的生活中,我们应该多让孩子独立应对,比如完成作业、整理书包、收拾房间、定闹钟、按时上学等。当我们发现孩子没有及时做好自己的事情时,我们该做的是提醒,而不是代劳,或者说我们应该干脆保持沉默,任孩子品尝不负责任的苦果,这也是培养孩子责任意识的重要途径。

每一位家长都应该明白,我们不是孩子的左膀右臂,更不是孩子的全职保姆,我们是孩子的引路人、成长的导师,我们应该做的是帮孩子把握人生的方向,引导孩子养成良好的习惯,培养孩子的品德。当孩子没把应该做的事情做好时,那是对自己不负责任的表现,我们应该及时指出孩子的错,批评教育他,让他改正不良行为。

不要剥夺孩子的交友权

限制孩子交友对孩子的成长极为不利。孩子与外界，与其他人的沟通和交往能力绝大部分是在跟朋友的相处中得到锻炼的，如何去分辨不同的人，面对别人的要求应该予以帮助还是拒绝都是孩子在成长中要面对的问题。妈妈不应该剥夺孩子交朋友的权利，而是应该在保护的前提下，鼓励和支持孩子的交往。

1

孙亮是一个性格内向、成绩优异的好孩子，可他在学校里却总喜欢一个人独来独往，几乎没有什么朋友。

原来孙亮的这种情况与他妈妈的教育方式有着极大的关系。在孙亮还很小的时候，妈妈嫌外面空气污染严重，就很少抱他出门玩。再往后抱着孙亮出门的时候，妈妈也不太愿意让别人碰孩子，一怕孩子沾染上细菌，二怕孩子以后没有警惕性，被陌生人拐走。

这样做的结果就是孙亮见到陌生人常常吓得大哭。到孙亮五六岁的时候，妈妈又怕孙亮跟着别的孩子学坏，除了上学外，一般情况下孙亮回到家就不被允许出门了。

妈妈的做法，使孙亮从小就养成了自己一个人玩的习惯，他总喜欢自己待在家里玩，很少出去。在幼儿园里虽然偶尔也愿意跟小朋友们一起玩，但玩一会儿就吵翻了。上学以后，孙亮对周围的环境极不适应，总是一个人坐在角落里发呆，不爱参加集体游戏，而同学们也觉得他是个"怪人"，不愿与他亲近。妈妈原本认为，随着年龄增长，孩子会慢慢学会与他人交往，但现在看来，孙亮虽然上四年级了，依然没有改变独来独往的习惯，没有要好的朋友，也很少与同学交往。

2

有的妈妈出于怕发生危险的心理，总喜欢把孩子关在家里，不让他们奔跑、爬高，过多地限制孩子与外界接触；有的妈妈因自己的孩子体质差，经常生病，对孩子更是加倍保护、照顾；有的妈妈怕自己的孩子交上不三不四的朋友，索性不准孩子与他人来往，甚至把他们禁闭在家。这种过分照顾、过分疼爱、过分保护的方式，剥夺了孩子与人交往的机会，完全隔断了孩子与外界的接触和交流，只会造成孩子对父母的过度依赖，性格也会变得腼腆或极端，很难融入新的环境，内心也会变得冷漠和闭塞。

一个人的个性总是在特定的社会环境下，通过与他人的交往逐步形成的。人们兴趣的培养、情绪的控制和能力的发展，都离不开交往。正是交往，才使孩子有了更多的学习知识并获得社会经验的机会。哈里·哈洛博士曾通过实验证明：让孩子多与外界接触和交流，不但可以促进孩子的智能发展，同时也有利于培养他们的协调性和社会性。

3

妈妈需要明白的是，朋友是每个人的人生中不可或缺的部分，孩子也需要朋友。如果孩子没有朋友，那么他们的童年将极为孤独，对孩子的身心健康极为不利。

因此，妈妈不要剥夺孩子的交友权，而应鼓励孩子多与他人交往，培养孩子团结友爱的心灵和协作互助的良好习惯。必要的时候，妈妈还要善于为孩子的交友牵线搭桥，例如鼓励孩子邀请他的小伙伴到家中玩。除此之外，妈妈还应该尽可能地为孩子打开生活空间，鼓励孩子参加集体活动，让孩子在了解他人的基础上了解自己，学会用集体交往的规则调节自己的言行，学会尊重他人、信任他人、谅解他人、乐于助人，学会调节集体与个人的关系。

不要把"溺爱"当成爱

小鹰是被鹰妈妈踹下悬崖才学会飞翔的，小狮子是被狮妈妈赶着才学会捕猎的。在动物世界里，不论是食肉的，还是食草的，不论是天上飞的，还是水里游的，它们都十分重视培养下一代的生存能力。因为这是动物能够生存下去的法则。动物尚且如此,更何况是我们人类呢?我们对待孩子太"仁慈"了,溺爱会严重影响孩子在未来社会的生存能力。

1

有一对父母,为了让儿子专注于学习,从儿子上学开始,就包办了他的一切。他饿了就喊爸爸妈妈,困了脱衣就睡,有时候起床甚至都要父母帮他穿衣服。不过他的确没有让父母失望,每次考试都名列前三。眨眼间,他迎来了高考,高考成绩出来了,他如愿考上了北京的知名大学。然而,只过了一晚,他就打电话向母亲求救:"妈妈,这里好热啊,我的衣服都是汗水,黏黏的。"

妈妈说:"那你去洗个澡换一身衣服啊。"

"可是妈妈,我不知道衣服放哪里了,也不知道洗完穿哪一件才好。"

作为家长,你读了这个故事有什么感想呢?这对父母的过度溺爱造成了孩子独立自主生活能力的障碍。成绩再优秀的孩子,缺乏自主生活的能力也无法在社会上立足。现在的家庭生活中,孩子的地位被父母无限提高,很多家庭都认为孩子的命运关乎家庭的幸福。因此,家长以百分之百的精力去呵护和照料孩子,结果让我们的孩子一个个成了"小公主""小皇帝",什么都不干,什么都不会干,什么都不敢干。为了避免如此,我们必须让孩子的能力从小得到锻炼。

2

一个4岁的孩子,在弯腰费力地系鞋带,别人想去帮忙,却遭到了拒绝。孩子问:"你知道我多大了吗?""不知道,但我想你还小。"路人忍着笑回答。

"我已经不小了,我都4岁了。"孩子严肃地回答。

显而易见,孩子认为自己已经长大了,系鞋带这样的小事应该由自己来做。

当孩子还不能完全生活自理时,父母给予孩子生活上的照料,无可厚非,因为做父母的有这种责任和义务。但是,父母还应该明白,照料孩子的目的,不是为了完全代替孩子解决问题,而是在照料的过程中,让孩子逐步学会生活自理,进而掌握独立生活的能力。如果做父母的只想让孩子生活舒适,把孩子的事情全都包办代替,不让孩子自己动手、动脚、动脑,那么父母就等于把孩子的手、脚、脑都束缚起来,这样做的结果只能是孩子什么事都不能做,也不会做。将来孩子长大离开父母,离开家庭这个舒适的环境,进入社会就会无法独立生活、工作,更没有生活自理能力,这不但会给孩子今后的生活带来诸多不便,影响他们的学习和工作,甚至有可能因为缺乏生活自理能力而葬送他们的美好前程。

3

很多妈妈不相信自己的孩子,缺乏对孩子能力的正确认知,凡事都代替孩子做,这样下去,孩子的能力又如何得到锻炼呢?为了让孩子将来更好地独立生活,妈妈要学会"偷懒"。很多事情要放手让孩子去做,有时候甚至要下狠心,相信孩子有能力处理好自己的事情,让孩子吃些苦,经受挫折和考验。

在培养孩子自理能力的时候,妈妈一定要有耐性,不要怕麻烦。比如在孩子学习的过程中,尽量多鼓励,帮助他们树立信心;少批评指责,更不可苛求和操之过急,以免挫伤他们的积极性。再比如在生活中,孩子的被子叠不好,可以反复教孩子;孩子不会刷牙,可以反复给孩子演示几次,并适当提供帮助;孩子书架整理不好,可以告诉他们先把书分类,再慢慢地把差不多大小的放在一起,再一摞一摞地放上去……妈妈要一步步锤炼孩子做事的耐心和信心。耐心地陪孩子进行多次尝试,鼓励他们独立思考拿出主见,帮助他们树立信心。

培养孩子的自理能力,妈妈要走出爱孩子的误区,不要把"溺爱"当成爱,不要认为自己为孩子处理好一切才叫爱。只有放开手让孩子处理自己的事情,才能培养出自立的孩子,这样的孩子才能在未来的社会中立足。

合情合理地拒绝孩子

合情合理地拒绝孩子真的不难。只要妈妈在理解和尊重的前提下，与孩子进行真诚的沟通，孩子对你的拒绝就能理解并乐于接受。

1

晚上10点了，昭昭还在玩妈妈的手机，妈妈催促她睡觉，她嘴里答应着可身子就是不动。爸爸这时候直接把手机拿了过来，昭昭大哭起来。

妈妈把她抱在怀里，昭昭看着爸爸说："爸爸，我不困，我爱玩手机，如果有人不让你做爱做的事，你会不会觉得难过？"爸爸一下愣住了，不知道如何回答。这时妈妈轻轻地抚摸着昭昭的后背，对她说："昭昭，如果是白天你想多玩一会也是可以的。但是现在已经很晚了，熬夜玩手机影响身体健康，这是爸爸妈妈不同意你玩的原因，如果你好好表现，明天妈妈再给你玩，这样可以吗？"

听到妈妈这么讲，昭昭心里觉得好多了，就走到房间里睡觉了。

面对孩子的不合理要求,我们首先要晓之以理、动之以情地告诉他不合理的地方在哪,然后用平和、真诚的语气表示拒绝并加以劝慰。经过妈妈的调节,昭昭的情绪得到了缓和,同时心里也认识到熬夜玩手机的错误,就是一个很好的实例。

2

妈妈在说教的时候把一些道理融进孩子的实际体验中,大部分孩子是可以理解和接受的。

面对不同年龄的孩子,妈妈应采取不同的教育方法,当然也要有不同的拒绝方式。

对2岁以前的孩子,妈妈要采用直截了当的拒绝方式。因为这个年龄段的孩子语言功能还不完善,如果父母对他讲比较复杂的道理,孩子可能会听不明白,所以对这个阶段的孩子应采取直截了当的拒绝,如直接对孩子说"不可以"或是对他摇头。当孩子有危险举动时,例如去拿打火机玩,妈妈就要马上制止,甚至可以事后给孩子一点小苦头吃,如取消孩子的零食等,让他知道这样是不对的,下次就再也不敢了。

对2到4岁的孩子,妈妈可采用"冷却处理"的方式予以拒绝。因为这个年龄阶段的孩子正处于人生第一个"反抗期",不再像以前那样听话,经常和大人"闹独立",叛逆性十足。对这个时期孩子的不合理要求,妈妈要采用适当方式加以引导,尽量避免采用强硬的处理手段。"冷处理"是对付这个阶段的孩子不错的办法。当孩子大吵大闹的时候,你可以暂时不去理睬,等事后双方都冷静下来了,再同他讲道理。如果孩子是在公众场合

哭闹，父母可以先把孩子安抚回家，再进行冷处理。这样还能保护孩子的自尊心。

对4到6岁的孩子，妈妈在拒绝时应晓之以理。因为这个时期的孩子在心理特征上处于一个过渡期，正从自我中心发展到认识周围的环境事物，同时，孩子在语言能力上也有了一定的提高。这时妈妈就可以采取讲道理的方式来同孩子沟通了。坦白而诚恳地向孩子说明为什么不能这么做，这么做会有什么后果，可以帮助他提高分辨是非的能力。"冷处理"的方式也同样适用于这个年龄段的孩子，在冷处理之后再晓之以理，最后别忘了给孩子一个爱的表达来抚慰他。

让孩子参与家庭的决策

提起让孩子参与家庭事务的决策，很多妈妈都会说："孩子这么小，他懂什么？"这种观点是不对的。孩子也是家庭成员之一，因而家庭的事也是孩子的事，他也有权参与家庭的决策。更重要的是，通过倾听孩子的意见让孩子感受到被尊重，鼓励他提出自己的见解也是对孩子独立人格的培养。

1

小童家最近在装修房子，"总设计师"妈妈经常找小童询问意见：

"你的房间要用什么颜色？"

"你觉得书架放在哪里比较方便？"

"这样的家具好看吗？"

然而，小童其实也很难拿出特别有见地的意见来，被问得多了，干脆就不讲话了。这时候，妈妈就鼓励他："不要有压力，妈妈不是强迫你，你喜欢什么样不喜欢什么样都可以说，没有想法就说没有想法。"

这次装修之后，小童感受到了被尊重的感觉，他开始主动表达自己的意见。现在，他做事情总是很有条理，正在竞选班长，还承担了一些力所能及的家务。

2

育儿专家发现，经常参与家庭决策的孩子往往性格开朗，更能关心别人，有较强的集体感和责任心；而那些从不参与家庭决策的孩子，常常以自我为中心考虑问题，集体意识相对淡薄，解决问题偏向于依赖别人，自主性比较差。可见是否让孩子参与家庭决策对孩子的发展有很大的影响。

引导孩子参与家庭生活中的决策应从点滴的小事开始，让孩子慢慢形成自主意识。例如，家里要添置什么日用品，买什么品牌、买什么型号，都可以征求孩子的意见。旅游前要选择哪条线路，要以什么样的方式去旅游……在与孩子商量的过程中，父母可以将自己的经验告诉孩子以作为参考，同时鼓励孩子提出自己的见解，这样既能提升孩子的参与感，也能让他从中学到东西。

尽管孩子有时候还不一定能说出所以然，但当父母征求孩子的意见时，孩子会就父母所提的问题进行思考、分析、比对，然后做出自己的决策，这正是对孩子决策能力的一种锻炼。这样既有利于孩子增长知识，又有利于培养孩子的决策能力，还能增强孩子的家庭责任感。

3

参与家庭生活是孩子参与未来社会生活的基础，因此，家庭教育应该注意培养孩子在家庭中的参与意识。那么，具体该怎么做呢？

首先，要培养孩子在家庭中的角色意识。有的父母为孩子不愿意和来玩的小客人分享玩具感到恼火，这其实是孩子缺乏角色意识的一种表现。在客人来访的情景下，孩子没有把自己转换到主人的角色，没有意识到身为主人要谦让和分享。父母要引导孩子熟悉这种角色的转换，除了要在不同情景下对孩子进行教育，还可以有针对性地给孩子出一些"考题"。比如在客人到访前，临时要孩子充当小主人的角色，给他锻炼的机会。

其次，要注意培养孩子在家庭中的责任意识和权利意识。孩子也是家庭中的一员，家庭的幸福美满同样需要他贡献自己的力量。随着孩子年龄的增长,他参与家庭事务的程度应不断深入,家长应该为孩子提供更多发表自己意见的机会,借此锻炼他的决策能力,这对他的健康成长是非常有益的。虽然孩子可能因为年纪小还不太懂事,但通过让孩子参与家庭事务的决策,不仅可以让孩子意识到自己是家庭的一员,自己很受父母的重视,能感受到"主人翁"的责任感和幸福感,而且也能让孩子的决策能力得到锻炼和提高。

帮孩子坚持自己的想法

《当世界年纪还小的时候》一书中有这样一段话:洋葱、萝卜和西红柿,不相信世界上有南瓜这种东西。它们认为那是一种空想。南瓜不说话,只是默默地成长。

1

很多时候,对于孩子来说,抵抗外在的干扰与诱惑,要比坚持自己的想法容易。一个孩子一旦有了正确的世界观,对事物有了一个正确而合理的判断,那么就会很自觉地抵制外界不良因素的侵扰。而如果孩子自己内心渴望的、追求的东西得不到

别人的认可，甚至听到一些怀疑、否定、批评的声音，那么孩子的心里就会产生一些疑问，"我这样做对不对？""如果对，为什么会有反对的声音？"遇到这样的情况，妈妈就要告诉孩子，每个人的想法、见解都不一样，理想与追求也不相同。所以要多倾听自己心底的声音，在不违反道德、法律的前提下，自己认为是对的事情，就要坚持认真地做到底，开拓一条属于自己的路，并记录下自己的收获与成绩。

他人的一句评论、一句嘲笑、一种姿态常常能影响孩子的情绪与想法，让孩子陷入无法自拔的困境中，而之所以会产生这种情况，很多时候都是因为孩子不够坚定，容易受到外界环境的影响与摆布。

作为大人，仔细想想，有时候也会被外界的不良因素干扰，所以孩子同样会遇到这种情况。这就需要父母帮助孩子进行恰当而正确的定位，自信地面对一切，明白什么是自己一定要坚守的原则，然后坚持到最后。

2

妞妞上小学一年级，一次考试中，她的算数只得了10分，全班都笑话她，暗地里都偷偷地说她是大笨蛋。妞妞听到同学的议论，回家后大哭了一场。细心的妈妈来到妞妞身边，询问妞妞哭泣的原因。

"全班同学都说我是大笨蛋，我一定是大笨蛋。"妞妞已经泣不成声，"我为什么是个大笨蛋啊。妈妈，我是不是很笨？"

妈妈看着女儿的样子，耐心地说："妞妞只是暂时没有考好，这并不代表你就是大笨蛋呀,你是一个聪明且努力的孩子,只要你好好努力,相信你下次一定会考个好成绩,同学们一定不会再说你是个大笨蛋了。"

"可是他们每天都在说我是大笨蛋,我真是恨死他们了。"妞妞气愤地说道。

"孩子,在我们的成长道路上,会经常遭人议论,有些人把这些议论当成了绊脚石,有些人却不断前行成就了自己。"妈妈语重心长地说。

妞妞点了点头:"妈妈,你是说,我不要在乎那些小朋友说我什么,只要自己努力就对了,是不是?"

妈妈见孩子这么快就领会到其中的道理,会心地笑了。

孩子人生的胜负由孩子自己决定,父母应该告诉孩子,不要受不良环境与人为因素的影响,要坚持自我,坚持自己认为正确的方向一直走下去,坚持到最后。

不但不要让不好的事情影响、干扰孩子,更不要让孩子被坏的话语、思想所制约,从而陷入他人的评论中。要让孩子明白,他人的言论、评价有时是不对的、不公正的、不客观的,所以要经过仔细的分析后,再予以正确地对待,"有则改之,无则加勉"。

3

生活中,在孩子的身边有许多影响因素,这些因素中有好的,也有不好的,所以父母一定要帮助孩子接受好的因素的影响,而摆脱不好的因素的干扰与支配。对于外界不良的摆布,要

让孩子将自己的原则、想法坚持到底，决不妥协。因为一时的自制不代表什么，只有每次面对不合理的诱惑，都能坚决地说"不"，才能把握好自己人生的方向盘，才不会有"刹车失灵"时的追悔莫及。

只要不违反法律，不违背道德，孩子喜欢的事情父母一定要加以鼓励和支持，总有一天，孩子会闯出一条属于自己的光明大道。

第四章

潮流的能量：

妈妈越时尚孩子越自信

巧搭服饰,穿出潮妈范儿

肩负着教育子女的重任,又要照顾家庭,维持它的和睦与温暖,妈妈的生活从来都不轻松。有感于生活的压力,有的妈妈不再像年轻时打扮得那么用心和精致了,甚至不那么在乎自己的外在,然而,生活中,每个女人都应该注重自己的形象价值,而时髦的妈妈更能激发孩子的自信。

1

一次微微听到女儿的朋友娜娜抱怨道:"我妈从来不打扮自己,穿衣服也从来不讲究。如果在家里不讲究也就算了,上次参加家长会,其他同学的妈妈都打扮得很漂亮,我妈妈上面穿了一件蓝色的T恤,下面穿了条土色的裤子,又背了一个鲜红色的包,当时我感觉她好low(指品位差),别人的妈妈比我妈妈漂亮多了。"

娜娜的妈妈正好是微微的好姐妹,她长得很漂亮,只是随着孩子的成长,她越来越不在意自己的着装了。微微将娜娜的话转述给了好姐妹,娜娜妈说道:"孩子都上初中了,自己都老了,哪儿还有心思打扮自己,再说打扮那么漂亮给谁看呀?"

微微说:"孩子很在意自己的妈妈是不是漂亮的,他们都有一

种潜在的比较，如果自己的妈妈不如别人的妈妈漂亮，他们很可能产生自卑心理。"她开导姐妹说，妈妈也是女人，女人需要打扮，即便是简单的服装搭配也能够让自己变得美丽起来，起码能够让孩子感受到妈妈的魅力所在。

娜娜妈听了微微的话，没有多说什么。

过了两个月，微微再一次拜访了朋友家，发现娜娜妈的感觉完全不一样了，穿得非常时尚，发型也发生了变化。娜娜笑着小声对微微说："阿姨，我妈妈现在可臭美了，不过同学们都夸我妈妈漂亮呢！"

都说孩子眼中妈妈是最漂亮的，其实要成为孩子眼中漂亮的妈妈，多多少少都应该了解一些服饰搭配的技巧。即便妈妈长得再漂亮、再天生丽质，如果不懂得服饰搭配，在穿着上一点也不讲究，那么美丽也会被掩盖，当你和其他孩子的妈妈走到一起时，孩子难免会在内心进行对比，从而感觉到自己的妈妈没有别人的妈妈漂亮。如果孩子觉得自己的妈妈不够美丽，他们可能会形成自卑心理，这一点是不可小视的。

2

做一个"漂亮妈妈"，首先从头做起。妈妈们没有必要标新立异，但也应该适当地化妆，这是对别人尊重的表现。但是化妆应以清秀为佳，切忌浓妆艳抹，过分招摇，除非参加隆重宴会。口红不是什么样的都可以抹，服装不是什么样的都可以穿。应找那些与自己的肤色、五官等比较贴合的色彩。要知道，我们不是为了化妆而化妆，而是要通过化妆来展现自己的魅力。

服装应以传统服装为宜。因为传统服装高雅大方，裙子以着膝为好，外套不宜太长。有时，妈妈对于服装的搭配并不讲究，着急出门想起哪件就穿哪件，这是很不可取的。

色彩搭配要做好功课，最快捷的方法就是整理自己的衣柜，把现有的衣服做一下分类，把冷色系和暖色系摆开。所有基调含蓝色的为冷色系，所有基调含黄色的为暖色系。这样，以后配饰衣服时要特别注意，冷色系的相互搭配，暖色系的相互搭配，不要产生太大的对比差异。比如说穿一身灰色，又想在人群中显得比较出挑，可以配上淡蓝、淡粉或淡紫色的衬衫，也可以用丝巾来做配饰，擦玫瑰色的口红；如果是暖色系，比如穿一身咖啡色、橘色、芥末绿、芥末黄等，可以在口红里多加一些金色。

当然，买衣服也不要凭着一时的喜欢就买，而要想想自己的衣柜，是冷色系还是暖色系的多，根据自己的特点搭配着去买。

3

很多妈妈常常感叹生孩子后自己的身材都走样了，渐渐地觉得穿什么都不好看，也就不在外表上下功夫了。可我们并不是要求每个妈妈都能去选美，只要能做到以下几点，你就会是孩子眼中的"漂亮妈妈"。

首先，是对生活的态度。妈妈要有自己的爱好和社交圈，不应该认为家庭和孩子完全等同于生活的全部。我们都说"相由心生"，保持自信和热爱生活的态度，就是最好的妈妈；还有，就是注重由内而外的保养，保持好心情，才能有健康的身体和好的气色，当然，也可以积极锻炼，保持好的身材。

其次，要注意衣服的质感、剪裁。妈妈为孩子选择衣服，首先注重的是材质，对自己来说，也是这样。衣服的质量好了，人就显得精神、端庄、优雅。颜色上以基础色为主。每个人条件不同，所以无论什么年纪，该穿什么不该穿什么，都不应该一概而论。你的身材该穿什么，有条件穿什么，你的个性想穿什么，穿什么好看，自己喜欢什么就去穿什么。时尚界有句话，态度决定高度！真想穿得好看，就要找到属于自己的风格。多尝试适合自己的风格，就已是成功的一大半了。

最后，要保持年轻的心态，勇敢地跟孩子做"姐妹""姐弟"。当然也要跟孩子做朋友，让孩子帮你搭配衣服，并且多多鼓励他们充当你的时尚小顾问，跟孩子穿"亲子装"等，甚至可以让孩子帮你拍美美的照片，这对于建立与孩子的"亲密度"，是很有帮助的。

通过动画片成为孩子的知心朋友

动画片是孩子生活中不可或缺的一部分，很多时候孩子会通过动画片思考自己的世界、感受外界事物，甚至可以说，优质的动画片是孩子思维的起点。妈妈要想跟孩子成为知心的朋友，首先要去理解孩子的思维和视角，那么了解他们爱看的动画片就是很好的切入点。

1

很多时候孩子的想象都是从动画片中学来的,妈妈只有了解孩子所看的动画片之后,才能够跟上孩子的思想步伐,展开想象,开展更适合孩子成长的创新活动。

即便是作为孩子的妈妈,也很难说清孩子为什么那么迷恋动画片。关于孩子的心灵世界,妈妈是不可能完全用"为什么"来找到清清楚楚、明明白白的理由的,更不要以为如果找不到足够的理由,就认为那没价值。当妈妈说不清这个问题的时候,可以像孩子一样投入地看一回孩子喜欢的动画片,用大脑去体悟可能比用嘴去解释更好;这个时候妈妈或许会明白孩子为什么喜欢动画片,也会和孩子有同样的想象。

一位妈妈这样描述道:"有一阵,我的女儿非常喜欢看《葫芦娃》,也常常在游戏时当'水娃'。当时,我不明白女儿为什么会喜欢看这部动画片,有一天我终于忍不住,便心血来潮像女儿那样看起了动画片。在看动画片的过程中,我试着将自己想象成水娃;当我和女儿游戏变成'水娃'喷水的时候,我觉得自己好有力量!此时,我开始明白孩子为什么喜欢看动画片了,因为像《孙悟空》《黑猫警长》《葫芦娃》这样的动画片都能给孩子带来正义的想象,这些都是孩子的梦想,让孩子感受到自己充满力量。作为妈妈的我也开始明白孩子的思想,也开始了解孩子为什么会充满想象,因为此时我也通过动画片展开了想象,想象自己成为一名充满正义的水娃,彰显着自己的能量。"

如果妈妈将自己当成孩子一样,静静地观看动画片,便会跟

随着动画片中的情节产生想象，要知道这个想象的过程就是孩子发挥想象力的过程。这样一来妈妈会更加了解孩子，进行的创新活动也更能够受到孩子的喜爱。

2

关于动画片，孩子总是有说不完的话，只要妈妈提到一部动画片，孩子的嘴巴就会滔滔不绝地说个不停，通过孩子的讲述，妈妈能够感知到孩子的思想是多么活跃。除了很多国产的优质动画作品，国外一些优秀动画也很受孩子欢迎，比如《米老鼠和唐老鸭》《猫和老鼠》等。

高质量的动画片往往制作比较精良，人物形象也很可爱，想象大胆丰富。面对这些动画片，孩子的思想会变得更加积极活跃，因此妈妈要想跟上孩子的想象步伐，不妨加入看动画片的行列，了解孩子的思想，这样便能够打开自己的想象空间，创造出更适合孩子的游戏，给孩子的生活增添更多快乐。

3

动画片可以是母子展开话题的源头，能够作为亲子交流的调剂。

第一，它是应对孩子淘气的好战术。面对淘气的孩子，妈妈完全可以通过动画片中的人物来对孩子进行教导。孩子对钟爱的动画世界往往如数家珍，对动画片中的情节和人物关系了如指掌，你运用他所知甚详的动画角色对他说教，就比较容易激发孩子的同理心。同样的,一场跟动画相关的游戏,也能瞬间让孩子摆脱调皮。比如当孩子淘气不听话的时候,妈妈可以主动地邀请孩子一起玩耍黑猫警长的游戏,孩子充满乐趣地享受着游戏,自然会听话起来。

第二,妈妈可以和孩子一起幻想,成为孩子的"朋友"。孩子喜欢幻想自己成为动画片中的人物,比如看完《葫芦娃》,孩子自然会喜欢上聪明勇敢的葫芦兄弟,如果妈妈能够跟着孩子一起想象,配合孩子的思想,充当一下蛇精,那么孩子会很乐意与妈妈玩耍。欢乐的游戏瞬间拉近了你与孩子的距离,这样对亲子间的沟通大有裨益。

让孩子感受到妈妈的心灵手巧

一个心灵手巧的妈妈,总会成为孩子学习的榜样,也会让孩子引以为荣,感受到来自妈妈的智慧。

1

在一次主题为"我的妈妈"的征文比赛中,秀秀这样写道:

"我的妈妈很美丽,她的眼睛明亮,心灵手巧……以前我的

毛衣都是她买的,可是无论多高档的高领毛衣,我穿上都觉得脖子像针扎一样难受。后来妈妈就不给我买毛衣了,她开始学习自己织毛衣。她织好的毛衣,样式新潮,穿起来还不觉得扎,又软又暖。

"夏天到了，妈妈开始收拾衣柜,翻出好多我去年穿的裤子,虽然才过了一年,这些裤子已经短了很多。妈妈一边说我长得快一边把这些裤子收拾起来,她拿出剪刀等工具,左右手上下翻飞,布料和各色的线就像被施了魔法一样组合起来……没过多久,妈妈就把几条裤子拿给我让我试一试——那些短了的裤子已经变成了夏天的短裤,而且妈妈还精心缝上了卡通图案,漂亮极了!

"这些裤子现在是我最爱的衣服,每当穿上它们,同学们都问我它们是从哪里买的,这个时候我就会自豪地说:'这是我的妈妈做的!'"

孩子的心思总是天真烂漫,他们不会掩盖自己的心情,更不会掩盖对妈妈的感情。一个心灵手巧的妈妈,会让孩子引以为荣,得到孩子的崇拜。在家庭生活中不断让孩子感受到你的蕙质兰心,心灵手巧的你就会成为孩子学习的榜样。

2

"我们没有理由拒绝孩子合理的请求或者是要求。"这是一个妈妈的原话。"一天,我女儿拿着一双穿破的袜子,说让我给她缝补一下。我拿过来看了一下,发现两只袜子都已经洗得变了颜色,在每双袜子的大拇指部位都有一个小洞,我问她可不可以扔了,还主动说要给她买新袜子。我以为这样女儿会更开心,没想到女儿却说:'妈妈,小丽的妈妈手可巧了,小丽的袜子破了,她妈妈都是给她缝好的,还在破的地方修上了漂亮的图案。'听了女儿的话,我知道她的心思了。随后,我也尽力将袜子缝好,并且绣上了两只小蝴蝶。女儿拿到缝好的袜子开心不已,叫嚷着让我教她做针线活。"

很多时候,妈妈的智慧不是体现在给孩子买了多少东西,而是体现在教会了孩子多少东西。妈妈需要为孩子的生活负责,而负责的方式并不是单纯地给孩子提供多么好的物质生活,而是从生活的点滴中让孩子感受到幸福。

每个妈妈都希望自己成为孩子心目中的骄傲,成为孩子心目中的榜样。妈妈无法拥有超能力,却有把孩子的生活点缀得多姿多彩的"魔力"。这种让孩子钦佩的能力来自妈妈灵巧的双手和细腻的心思。我们不要懒于动手,而应该积极创造,这并不仅仅是为了让孩子敬佩自己,更多的是为了让亲子关系变得更加融洽,培养孩子的动手和创造能力。

3

那么,在生活中,妈妈该如何变得心灵手巧呢?

第一,废旧衣物变新时装。对于心灵手巧的妈妈来说,家里不存在废旧到只能丢弃的衣服,它们只是等待加工的素材和原料。随着孩子身体发育和成长,每个妈妈手中都会有很多孩子穿不了的衣服,这些衣服多半穿了没几次,还是八成新。可能妈妈会选择将这些衣服压在箱底,但这样会占据很大的空间。此时,妈妈不妨

将这些衣服拿出来，给孩子设计制作成新样子的衣服，比如将短了的裤子修剪成短裤，将袖子短了的长袖改成短袖或吊带让孩子穿。这样不仅能够节约空间，还能通过自己的巧思给孩子添置"新衣"，让孩子感受到愉悦和自豪。

第二，旧款式增添时尚元素。孩子的很多衣服是因为样子太老了，所以才选择不再穿出来。此时，心灵手巧的妈妈不妨给这些衣服加上一些时尚元素，让它们"焕发生机"，孩子会更加喜欢穿。比如，在短袖下面加上一圈蕾丝边、在孩子毛衣上缝一些小挂件等等。

在孩子的心目中，妈妈不仅是自己的亲人，更是自己生活中的榜样。妈妈在一旁用巧手编织新衣，他们看到了也想模仿妈妈，跃跃欲试。妈妈施展魔力将一件件旧衣服改制成新衣，孩子也会开动脑筋，想着给自己的布娃娃缝制衣服，甚至会邀请妈妈一起。大家从这里可以看到，妈妈的心灵手巧对孩子具有多么大的积极作用，不仅让孩子打心眼里敬佩自己，更能促进亲子关系的和谐，同时也锻炼了孩子个人的动手能力和创造能力。

细节拉近亲子关系，生活更美好

现代社会发展日新月异，我们的家庭生活质量也应该随之不断提高。作为幸福家庭的重要缔造者，每一个妈妈更要注重提高我们的生活质量。生活质量的提高关键在于幸福细节的打造，这需要妈妈具备创新能力，把家庭生活设计得更加别致、更加出彩，一家人在幸福的家庭氛围中才会有更愉悦的享受。

1

打造生活的细节，首先要从语言表述上下功夫。

"儿子（女儿），到学校一定要听话，上课认真听讲，不懂的一定要问老师。"我们经常会听到妈妈说这样的话，但其实它们起不到多大的效果，孩子更多时候会把它们当成唠叨，既没有感受到妈妈内心的关怀，也没有认真领会妈妈话语里的意思。

妈妈不妨这样说："宝贝，妈妈希望你能够开心愉快地度过这一天，放学回家后，妈妈等着你分享在学校里发生的有趣的事情。即使遇到不开心的事情，回家了妈妈也愿意聆听和陪伴你。"

其实在上述两种表达中，妈妈都是满怀着对孩子的关切和爱意的,但不同的表达方式却会产生不同的后果。显然后者让孩子心理上更容易接受,因为这样,孩子能感受到妈妈是站在自己的角度上,真挚地祝愿自己能够享受校园生活的。

跟孩子的沟通不是可以马虎的事,换种语言表述的方式,就能拉近彼此的距离。妈妈应该做到给孩子输入更多积极和正面的信念,然后尽量表述得生动和有趣。

2

妈妈在细节上要传递给孩子一种美好的感觉,这种美好并不是塑造的假象,而是发自内心的体验和感受。来自心底的愉悦和平和才会给孩子带来积极的情绪,而抱怨、焦虑、烦躁等负面能量会使孩子陷入不快中。

比如说当妈妈带着孩子在外面玩耍时,天气突然发生变化,开始下雨,很多妈妈可能会抱怨道:"这是什么鬼天气,周末也不能玩儿一下。"虽然妈妈的这句话是无意的,但是烦躁和焦虑的情绪会蔓延到孩子身上。一个聪明的妈妈则会这样说:"雨中漫步的感觉也不错呀,感觉空气变得更加清新了。"妈妈换一种情绪,孩子就能够有不同的感受。

又比如在接孩子放学回家的路上堵车了,妈妈如果抱怨:"唉,烦死了,又堵车,回家都几点了,还一堆事情呢!"这样的语言势必会让孩子同样感到很烦躁,不如改成:"终于有机会好好看看路边的风景了。"孩子感受到妈妈内心的积极,心情也会跟着明亮起来。

提高生活的幸福感,这就要求我们在每一件小事中,都发现和传递这种美好。做好每一个细节上的事,保持每一个情绪都是正面和积极的,这样才会在孩子的心目中树立起良好的形象。

3

在日常生活中,妈妈从细节上注意自己的行为,通常包括以下几点:

第一,语言上要三思而后语。不要认为孩子年纪小就什么事都不会往心里去,要知道孩子的模仿能力和学习能力是最强的。在家庭生活中,妈妈要适当注意自己的言行举止,要注意细节上是否妥当,否则会对孩子产生不好的带动作用。英国剑桥大学曾经有一项研究显示,父母经常吵架争论,会增加孩子患抑郁症的风险。夫妻之间因为生活的琐事或其他原因发生争吵,而双方都不去注意在一旁的孩子。当着孩子的面对对方进行谩骂和攻击,会给孩子幼小的心灵蒙上恐惧的阴影。我们原则上当然希望能够避免争吵,然而真当火气上来的时候,更应该谨慎地去解决问题,而不是用粗鲁的语言彼此伤害,这对孩子的内心伤害会更大。

第二,行动上三思而后行。在现实生活中,有的妈妈会经常将对工作的不满和抱怨带到家中,对家人的态度冷淡而消极,不经思考就大发脾气,这样的行为最终会影响孩子的成长,对孩子内心的发展也是十分不利的。我们应该注意自己的所作所为,为了给孩子一个和谐的家庭环境而努力。

教子理财，做冰雪聪明的妈妈

所谓财商，是一个人对金钱的认知和驾驭能力，它要求一个人对金钱有深入的理解和敏锐的触觉，财商高的人更富有创造力。让孩子从小树立理财和投资的观念，是帮助他实现成功人生的重要一步。

1

一天，刚上小学的儿子一进门，就笑嘻嘻地找慧慧要钱。慧慧问他要钱做什么。原来，儿子在学校报了一个摄影班，下个周末摄影班将有一次户外拍摄教学活动，但是要交一笔活动费。妈妈听完，告诉儿子："这笔钱不算多也不算少，你这个年纪该学着为自己的兴趣买单了，妈妈不能直接给你。"

儿子有点失望："可是妈妈，我早就没钱用了呀！"

慧慧说："考虑到你的年龄，妈妈给你提供带薪家务劳动的机会，比如饭后洗碗，你觉得怎么样？"儿子接受了慧慧的提议。

儿子很快就开始了他的工作，因为他非常想凑齐这笔钱。但是考核制度是无情的，妈妈不仅会仔细检查碗筷有没有洗干净，还因为他打碎了碗进行了处罚。几天之后，儿子开始抱怨工资太低劳动太重,妈妈说:"洗碗是最不需要技术的,谁都能做,所以报酬低;你要是不满意我就把机会给爸爸了,爸爸洗碗从来不要报酬!"儿子赶紧说满意满意。在户外活动开始的前一天,儿子终于拿到了自己需要的钱。

然而,不久之后,儿子又没钱了,甚至打印照片的时候还要跟同学借钱。这是怎么回事呢?原来儿子不听慧慧的劝告,非要买两张16GB容量的内存卡,这一下花光了他所有的"劳动所得"。事后,他跟慧慧说:"妈妈,我真应该听你的!其实我们上课拍不了多少照片,就算有非常不想删的,我还可以存到电脑上。现在我又没钱了!"

这位妈妈教育孩子的方式是不是能给你一点启发呢?利用孩子的兴趣作为切入点,然后通过对他的劳动给予报酬的方式,来培养他的金钱意识。培养孩子的财商,最重要也是最基础的是教会他合理地看待付出与收获的关系。这个世界上没有不劳而获的好事,能够合理地认知金钱才能慢慢地理解什么是收支,该如何理财。

2

从心理特点和可接受程度来分析,中国青少年理财意识的形成和发展一般要经历四个阶段:0岁至6岁的萌芽期、6岁至12岁的确立期、12岁至18岁的发展期和18岁以后的升华期。

事实上,孩子一般在三四岁时,已萌发了花钱的意识,此时,父母就要开始教育孩子理财方面的知识,从而培养孩子的"财商"。在这一块,我们可以借鉴犹太人的财商教育,在我们的

思维中融入现代社会的价值观。将幸福作为最高目标，然后对个人的追求、个人资源进行理性的规划，然后去认识金钱并驾驭金钱。

总的来说，青少年财商教育分为以下三个阶段：

初级阶段主要培养孩子的"掌管"能力。在孩子10岁左右，妈妈可以给他们一定数目的零用钱了。这个度要掌握好，要结合自己的家境和孩子的生活状态来给，避免盲目的炫耀、攀比，也不要"吝啬"，让孩子"节约"，如果这笔零用钱有正当用途，妈妈又有能力给，这时候为了让孩子"节约"而不给，就会伤了孩子的自尊。

对第一次拥有这么多金钱的孩子，妈妈要及时作出指导。对孩子的购买行为给出自己的建议，并与孩子商议其独立账户必须保留的金额的底线，然后可以一起制订短期的储蓄和消费目标。

开始时可能仅是小目标，如一件火车模型等，一般只需储蓄几个星期便能大功告成；此后可转向较大目标，需耐心储蓄几个月才能实现；最后上升至更大的需储蓄上一年半载才能实现的大目标。要是在这段时期，孩子因受到其他东西的诱惑而没能"挺住"，那么他就必须为自己或合理或不太合理的花销负责。换句话说，对于孩子的财务状况，负责的是孩子自己。

当然也有生性节俭的孩子对自己账户上的钱财格外看重，生活中尽量缩小开支甚至到了吝啬的程度。此时妈妈也可以采取一些办法来鼓励、引导孩子正当消费。如建议孩子邀请小伙伴去看一场电影，买一双新的运动鞋，买一些书籍等。

这样做的好处是，让孩子从小就培养起量入为出的理财意识,在进行消费的同时,会考虑到自己未来的花销和长期的规划。好习惯一旦养成,终身受益。

中级阶段可以培养10岁以上的孩子的"赚钱"能力。富豪洛克菲勒从小家教很严,靠给父亲做"雇工"挣零花钱。他清晨便到田里干农活,有时候帮母亲挤牛奶。他有一个专用于记账的小本子,把自己的工作量化后,按每小时0.37美元记入账,而后与父亲结算。这件事他做得很认真,感到既神圣又趣味无穷。更具意味的是,洛克菲勒的第二代、第三代乃至第四代,都严格照此办理。

妈妈对于孩子的理财教育,可以从洛克菲勒家族中得到启发,让孩子有偿地完成力所能及的事情,然后支付他报酬。让他用心体会这个过程,那么他的内心既会对有偿工作产生初步的认知,还能享受到自己赚钱的快乐。

高级阶段是给孩子讲解财富知识,培养正确的金钱观念。

现在有许多妈妈提倡为孩子开户投资买理财、买保险,甚至是购买股票,却忽略了让孩子参与这一环节。家长可以先和孩子玩一些"大富翁"的游戏,从游戏中建立起对投资的初始印象。然后给孩子介绍简单的投资知识。妈妈在为孩子购买理财产品时,要潜移默化地将这些理财知识传达给孩子,让孩子自己消化吸收,这样孩子便能不断提高财富意识。

或许对于更多普通的妈妈来讲,"财商"教育有些过于遥远。然而孩子对金钱的管控能力,如能从小得到锻炼,会令他受益无穷,在这个过程中,妈妈也能从中提高自己的财商,做个冰雪聪明的女人。

3

还有几点情况值得妈妈注意：

第一，别说"买不起"。

可不要小瞧了孩子的经济头脑，其实从3岁起，他就可以支配金钱了。妈妈一定不要对孩子在金钱问题上说谎。比如，你不想给孩子买他想要的东西时，可以说"这个月我没为这样东西做预算"，或者直接告诉他"我不准备买这东西"，而不要用"我们买不起"作为搪塞的理由。聪明的孩子会识破家长的搪塞和敷衍，内心反而激起不满的情绪。直白地将理由说给孩子听，反而更容易被他接受。

第二，分享自己的经济状况。

妈妈都已经学会算账，能够正视自己的收入情况然后平衡自己的生活水平了。这种能力也需要教给你的孩子，让他学会计算收支的基础知识。坦诚地与孩子沟通吧，以自身为例，跟孩子分享自己的经济情况，告诉他你是如何做预算的，哪些地方该花钱而哪些地方可以节约。孩子会从家长的身上得到启示，这样对收支的看法便会逐渐成熟起来。

第三，告诉他为什么会买不在预算中的东西。

生活中超出预算是在所难免的状况，总会因临时的变故而选择不同的商品，有时候可能适逢优惠，有时候赶上了生病或喜事……重要的是对金钱进行灵活地驾驭和使用，这一点妈妈应该教给孩子，和孩子解释，让他学会变通。告诉他，为了应对突发状况或预算超出的状况，就要在财政预算中尽量留出弹性空间。

对孩子的"为什么"多点耐心

人的本性是不满足，即充满好奇。孩子天生具有好奇心，他们总是会时不时地问"为什么"。随着阅历的增加和压力的增大，妈妈对生活的好奇渐渐会被习惯和经验所代替，这对于了解孩子、亲子沟通是十分不利的。所以，对孩子的"为什么"多点耐心，你将收获到孩子对你的信任。

1

晓雯最近在读《十万个为什么》，这天，她的同事来家里做客，看到她书桌上打开的书，好奇地问："怎么，你在读《十万个为什么》？好有童心哦。"

"活到老学到老嘛！"晓雯笑笑，"其实啊，我也是为了女儿，被迫的。"

见同事投来疑惑的目光，晓雯继续说道："我的女儿六年级了，马上要升中学了。一天她回到家，问了我一个问题，'植物为什么会开花？'我想了半天，不知道怎么回答，就直接跟女儿说我不知道。当时女儿看起来有点失落。结果第二天，她高兴地对我说，'我知道答案了，花是植物的繁殖器官，植物要开花才能繁殖后代,花的香味和漂亮的颜色都是为了吸引蝴蝶、蜜蜂这些昆虫来帮它传粉的,这样植物就能结出果实传播种子了!'我问她是从哪里找到答案的,她说是从《十万个为什么》上面看到的。

"没过一周,她又来问我:'为什么树叶长得都不一样,为什么世界上没有完全相同的叶子?'我又没有答出来。她就说:'妈妈!平时少看点电视剧吧!多看书就不会总是这样什么都不知道了。'这句话说得我脸都快红了,就是从那以后,我开始跟孩子一起读这本《十万个为什么》。"

听晓雯说完,这个同事也感到很惭愧,因为自己也很久没有这种探索世界的好奇心了。

2

作为妈妈,自然听说过《十万个为什么》这本青少年读物,在实际生活中,很多妈妈也会给孩子购买这本书,让孩子适时阅读。希望这本书能够激活孩子的好奇心,让孩子体会到这个世界的趣味性。这种想法自然是非常好的。可妈妈们是否看过这本书呢?

心理学专家认为,好奇心主要是指在一个人遇到新奇事情发生或者处在新的外部环境下所产生的一种引起注意、操作、提问的心理倾向。好奇心是人类进行学习、不断前进的内在动机之一,也是人类寻求知识的动力,是创造性人才的重要特征之一。对于妈妈来讲,也需要对周围的一切充满好奇。一个具有智慧的妈妈会不断提升自己的好奇心,以便更全面透彻地去了解孩子的内心世界。

随着年岁的增长,妈妈似乎已经失去了对生活大部分的好奇心,也减少了这种探索的乐趣。而孩子则不同,面对这个光鲜亮丽的世界,孩子的心中充满了好奇心,他们觉得这个世界充满了无限的可能。

"我的孩子经常问我为什么,为什么树叶会是绿色的,为什么花朵会散发出芬芳……面对孩子诸多为什么,我也不知道该怎么回答。为了应付孩子,我只能乱说一气。"有的妈妈可能会这样描述被孩子问及"为什么"时的感受和做法,可是,在孩子的心目中,爸爸妈妈总是扮演着无所不知的角色,所以面对孩子的"为什么",妈妈应该认真对待。这就需要妈妈自己也保持旺盛的求知欲来接招。

3

好奇心让妈妈充满童心。孩子喜欢跟同等年龄的孩子玩耍,原因是他们在一起有共同的语言和爱好,都具有一样的童心。当妈妈充满了好奇心时,自然也会唤醒自己对探索世界的激情,心态也会随之变得年轻和充满活力,成为孩子心目中"最年轻"的妈妈和可以无障碍交流的朋友。

那么,妈妈要如何"保持好奇心"呢?我们建议从以下几个角度入手:

第一,多读书。家长都希望孩子多看书,少看电子产品,自己更应该给孩子做出表率,而不是自己先沉迷在手机里面。要跟孩子一起读书,一起学习。

第二,尽量从孩子的角度看问题。孩子的好奇心是很重的,总

会想知道很多"为什么"，对于大人的一些符合常规的问题也会有不同的看法，妈妈要做到调整自己看问题的角度，这样才能更好地理解和教育孩子。

第三，妈妈应该积极地鼓励孩子。当孩子表现出了好奇心并乐于探索的时候，给予孩子肯定，即使是看起来幼稚的问题也不予以敷衍和拒绝，这样孩子的童心才能得以施展。即使孩子在求知的过程中出现了错误，这对他们来说也是一笔难得的财富。

第五章

智慧的能量：

开发孩子创造力

引导孩子树立远大的理想

美国成功学大师拿破仑·希尔有一句名言："人类最神奇的遗传因子，就是那善于梦想的力量。"每个人都心存理想，为了理想而拼搏，这样人生才不会荒废。我们要从小引导孩子树立远大的理想，这对他的一生都有积极的作用。

1

很久以前，有一个牧羊人，生活非常穷苦，他的两个年幼的儿子每天替别人放羊，才能勉强维持生计。有一天，父子三人在一个山坡放羊，这时候有一群大雁从头顶飞过，发出一阵鸣叫声，慢慢飞远了。

小儿子停住了，问父亲："爸爸，大雁要飞去哪里啊？"

父亲回答："大雁要去一个很温暖的地方，安一个家，度过寒冷的冬天呀。"听完父亲的话，大儿子十分羡慕，说："如果我们也能和大雁一样飞起来就好了。"小儿子点点头，感慨道："是啊，做一只会飞的大雁多好啊。"

父亲沉默了一会儿，认真地说："只要你们想，你们也能飞起来。"

　　两个儿子立马试了试，可是并没有飞起来，他们怀疑地看着父亲，认为父亲在骗他们。父亲肯定地说："你们只要不断努力，就一定能飞起来，去到任何想去的地方。"

　　父亲的这番话使两个儿子产生了一个可以"起飞"的梦想，他们为了实现这个梦想，坚持不懈地努力。有一天，父亲为了支持他们的梦想，特地带回了一个小玩具，玩具是用橡皮筋做动力的，使劲一拉，橡皮筋的弹力就能使玩具飞向空中。两个儿子都觉得很好玩儿，照着玩具的样子仿制了几个，都能成功地"飞起来"。他们觉得兴致倍增，并因此越发坚定了自己的梦想。

　　后来，在两个儿子的反复实验下，世界上第一架飞机终于诞生了。

　　这两个儿子就是著名的莱特兄弟。

　　相信在生活中，很多父母和老师都会问孩子这样的问题："长大准备干什么？""你的理想是什么？"孩子的回答可能是五花八门的，有科学家、宇航员，也有司机、厨师、护士、文学家等等。孩子的梦想，往往没有掺杂现实的因素，可能很多理想听起来还十分幼稚可笑，这是因为孩子的内心充满童真。

　　但听起来再不成熟、再离谱的理想，都不应该受到大人的嘲笑。理想是我们做每一件事的原动力。勇敢地追逐，最终实现理想是一件值得骄傲的事。作为家长，我们应该引导他们树立远大的人生理想。这并不要求我们完全按照自己的想法去规划孩子的未来，而是在陪伴孩子的成长中，不断让他们的理想变得丰满，最终帮助他们实现理想。

2

在孩子年幼的心灵中,是不缺乏理想的,他们总是积极地憧憬着自己美好的未来。许多妈妈缺乏教育的知识,在引导孩子树立理想上的做法欠妥,这样可能会伤害到孩子的心灵,甚至会减弱他们实现梦想的动力。因此,运用恰当的方法,对孩子进行正确的引导是十分必要的。

首先,需要强调的是,孩子在谈及自己未来的打算或理想时,为人父母者,不要因为说法的"幼稚"或不符合自己的"口味"而轻易去否认。不论是什么理想,父母都应该给予充分的肯定,并告诉他实现这一理想必须具备的知识。比如,孩子要做飞行员,可以先问他为什么要做飞行员,然后用浅显的道理告诉他做飞行员要具备哪些知识,还可以把一些著名飞行员的事迹讲给孩子听,告诉他从小要好好学习,多多储备知识,才能实现这个美好的理想。

其次,父母要让孩子知道,理想是高于现实的东西,想将美好的理想转化为现实,需要不懈地努力。如果理想只停留在空想阶段,它将毫无意义。要告诉孩子,只有以一种坚韧不拔的精神去面对困难和挫折,以顽强的毅力去冲破艰难和险阻,才会到达理想的彼岸。

3

有志者,事竟成。一个人有了远大的志向,心中就会燃起斗志,向着实现理想的道路不断前进。

孩子远大志向的树立，和为之奋斗的过程，需要我们的鼓励和指导。

首先，我们应该建议孩子设定合理的目标。因为合理的目标会给孩子带来动力，调动孩子的积极性，激发孩子的潜能。妈妈要掌握设定目标的技巧，既不能过低——因为孩子轻轻松松就可以完成，起不到锻炼能力和磨炼意志的作用，又不能过高——不然孩子不管怎么努力都达不到，这样会挫伤孩子的积极性。这个目标应该是孩子可以完成的，但过程中必须付出巨大的努力。这样合理的目标才能使孩子既有兴趣，又积极努力。

其次，妈妈要和孩子一起制订达成目标的计划。孩子的兴趣可能是短暂的，"三分钟热度"一过，就忘记了自己的目标，放松了对自己的要求。因此妈妈可以和孩子制订一份计划，并严格监督孩子执行。在孩子松懈的时候，要给孩子适当的压力，让孩子逐渐养成良好的习惯和坚持不懈的精神。

值得注意的是，要想让孩子有远大理想，妈妈也应该做到忠于理想，并敢于奋斗。如果我们自己每天浑浑噩噩地生活，只知道吃喝玩乐，孩子也会受到潜移默化的恶劣影响，致使他们失去为理想坚持不懈的动力和决心。所以，我们自身要充满正能量，才能陪伴孩子一路积极地成长。

开启孩子的创造性思维

哈佛大学校长普西认为，一个人是否具有创造力，是一流人才和三流人才的分水岭。妈妈希望自己的孩子具备发现和创造新事物的能力，前提是自身具备酝酿新思想的本领。妈妈是孩子最好的老师，作为妈妈的你不妨激活大脑细胞，用极高的创造力和热情教育孩子，做一位伟大而智慧的母亲。

1

午间休息时，张小莉跟同事说起了她的烦心事。

因为自己跟丈夫平时都很忙，儿子一直不在身边，而是跟着安徽老家的奶奶一起生活。为了让儿子接受上海的良好教育，她跟丈夫商量后将儿子接了过来。让她没想到的是，儿子到了上海很不开心，不管她跟丈夫说什么都不爱搭理。她想，或许是长久的分离让他们之间有了隔阂。

一个同事听了，开始传授她的相关经验——抓住孩子的好奇心。

张小莉一下子来了精神："具体该怎么操作呢？"

同事说："有两个方面。第一，生活中要时时创新，要经常给孩

子带来新鲜感，比如在吃饭时将碗筷摆放成一个特殊的图案；第二，给孩子买东西，最好考虑他的感受，问问他的感受，买那些能吸引他的产品，比如印了小猪佩奇的杯子、毛巾等。"

后来，小莉根据同事的经验进行了尝试。一个月过去了，儿子慢慢地跟她亲近了。

激发孩子的创造性，首先就要求妈妈提供给孩子观看、模仿、尝试的动力，也就是妈妈要具备一定的创造力。孩子具备天然的好奇心，妈妈通过施展奇思妙想，才会成功吸引到孩子的注意力。孩子被新鲜感所吸引，妈妈趁机跟孩子来一场趣味的对话或游戏，这就是培养创造力很好的开端。

2

端午节假期，两个好朋友带着自己的孩子一起去野营，两个孩子年龄相仿，很快也成了朋友。在野营区，两个孩子玩得很开心，他们一会儿扑蝴蝶，一会儿观察蚂蚁，两个妈妈都很舒心。然而，到了夜里，两个孩子开始吵着回家，他们有些想念城里舒适的环境。

一个妈妈很强势地说："今天是不可能回去的，再叫就把你丢到林子里喂老虎！"结果，儿子大声地哭了起来。

她的好朋友则对儿子说："宝贝，还记得来之前妈妈说了什么吗？妈妈说给你看我们小时候的玩具，你现在不想看了吗？"说完，她从身后拿出一只狗尾草编的小兔子。

儿子的视线一下子被吸引过来了，连朋友的儿子都不哭了。

"妈妈不只会编小兔子哦，还会编小狗、小松鼠，明天我们还可以采野花编花环。"就这样,两个孩子的好奇心被牢牢地抓住了,不再提回家的事。

3

什么是创造力?创造力指的是产生新思想、新发现和创造新事物的能力。妈妈想要给孩子设计有趣的活动,离不开卓越的创造能力。在上面故事里,面对孩子的哭闹,妈妈们都想制止,可强势的话语不能让孩子心服,教育孩子一定要掌握技巧。把他们的注意力吸引到有趣的东西上,孩子自然无暇哭闹。妈妈如何提高自己的创造力呢?首先要善于观察。观察每一个客观事物的存在并提出质疑,对每一次发生的不同寻常的事都能敏锐地感知。然后是善于动脑,面对生活中的事物提出自己的创造性思维。再者就是勤动手,把捕捉到的巧思投射进现实。久而久之,妈妈会变得更加富有创造力。通过充满趣味的活动吸引着孩子,不断满足他们的新鲜感,孩子也会更加愿意跟自己成为朋友。

妈妈都希望成为孩子心目中的偶像,和孩子亲密无间,这就离不开创造力的培养。培养创造力应从这几个方面着手:

第一,大胆而合理地怀疑。具有质疑精神,才可能激发出创造力。无论是在生活中还是在教子过程中,要对固有的环节和方法产生怀疑,多问问自己是不是有新的方式来解决同类问题,这样妈妈便能够培养更好的创新思维。

第二,具备不盲从大众的抗压心理。独立思维是创造力形成的因素之一,很多妈妈喜欢借用别人的教子方法,觉得别人用过的一定是好的、没有弊端的,其实不然;要善于独立进行思考,分

析孩子特点,抵抗外界对你思想产生的压力和干扰。

第三,否定固有思维,不盲目服从经验行事。对于同一个问题,妈妈不妨学着否定之前的惯有做法,尝试想出更为正确和准确的方法,这样一来,创造力自然而然就形成了。

智慧妈妈完全可以利用自身培养的创造力来拉近与孩子之间的距离,让孩子学到更多的知识。为孩子设计更生动更能实现寓教于乐的活动,这也间接开启了孩子的创造性思维。

鼓励孩子自主思考,勇于争辩

明智的妈妈通常不会把自己的意志简单地强加在孩子身上,而是会尊重孩子争辩的权利,为孩子的争辩创造一种宽松、平等的氛围。

1

某大学物理学教授对儿子的要求很严格,希望他能在期末拿回"三好学生"的奖状。这一学期很快就结束了,儿子拿回了他的期末报告单。她打开一看,各门成绩都不错,老师给的评语也不难看,就是指出一点:儿子上课左顾右盼的毛病不太好,有时还影响到正常的上课秩序。

这位教授严肃地约谈了儿子,告诫他上课要认真听讲,要求他下学期必须拿回"三好学生"的奖状。教授自认为没说过分的话,可儿子还是趴在沙发上哭了起来。

晚饭过后,教授的儿子拿过来一本书给她看,书是打开的,有一页讲了一个篮球比赛的故事:两个学校的篮球队进行友谊赛,本校的一位队员出现了失误,围观的同学和队友都责怪他,结果他整场比赛又失误了好几次;外校的一位队员同样出现了失误,可是队友都拍拍他的肩膀鼓励他,结果整场比赛他神勇无比,甚至在最后关头投出了绝杀的三分球。

这位教授有些吃惊:儿子是在对他进行无声的"反抗"啊。反思了一下,她来到儿子的房间,坐到床边,问儿子有什么话要说。儿子说:"我们年级的三好学生,他们的妈妈从来没逼迫他们拿'三好学生'的奖状。"

教授有点明白了,从此不再要求儿子必须拿什么奖项,而是更多地关心儿子的生活。而儿子也在五年级上学期拿到了第一名和"三好学生"的奖状。

2

明智的妈妈会尊重孩子,给孩子争辩的权利,认真地倾听孩子的申辩。

孩子的争辩反映了孩子内心真实的想法。如果遇到孩子出现错误,就一味采取强压,对解决问题根本无益,无法让孩子心悦诚服,下次遇到同样的状况仍然会引发问题。所以要给予孩子争辩

的权利，家长通过孩子的争辩了解到孩子的想法，才能明白孩子思考的出发点。也许站在孩子的角度上他们是没有错误的，那么我们就应该反思，是我们的判断不对还是孩子在这件事情上的表达方式有问题。让孩子争辩，也就为做父母的树立了一面镜子，父母通过听取孩子的争辩，可以检验自己的教育方法是否得当，说的是否在理，发现不妥之处也可以及时调整。

心理学家经过调查研究得出这样的结论：在反抗期，能同父母进行真正争辩的孩子，将来会比较自信，也富有创造力。

孩子与父母争辩，在成长历程中至少有两点益处：

首先，孩子和父母的争辩是他们语言能力的进步和参与意识的觉醒。在争论时，孩子必须根据自己对环境的观察分析，选择并运用学到的语言和表达方式，试图有条理地表达自己的观点，挑战父母，这会大大刺激孩子语言能力的发展。

另外，争辩能帮助孩子变得自信和独立。与父母争辩对孩子来说是一场不小的挑战，坚持表达自己的意志无疑需要巨大的勇气。在争辩的过程中，孩子必须独立地思考，对他们的思维也是一种锤炼。

3

争辩本身对于孩子来说是有好处的，当然我们的目的不是教孩子不明事理地"强辩"或"狡辩"，而是鼓励他们提出自己的想法。

很多家长不允许孩子和父母争辩，奉行"父母之命"的家教，孩子只能对父母的话"言听计从"，否则就是不乖，不懂事。这其实是一种极不平等的观念，不但不利于和谐的亲子关系的建立，而且不利于孩子心智的发展。

尊重孩子争辩的权利，对大人也是一种挑战。我们应该克服思维定式，与孩子沟通时避免刚愎自用、唯我独尊，要尊重孩子，鼓励他们争辩。很多时候，孩子在争辩中会慢慢意识到自己的错误，家长可以趁机对他们进行说服教育，而如果孩子言之有理，最终说服了大人，那么更是给我们这些为人父母的人上了一课。每一位家长都应该放下呵斥和棍棒教育，奉行开明、尊重孩子、鼓励争辩的教导原则。

用童心欣赏孩子的奇思妙想

想象力成长所需要的土壤是宽容的、放松的、自由的与多样的。相比于已经成熟的我们，孩子具有更多不着边际的想法，在这些想法中，就蕴含着许许多多不受限制的奇思妙想。我们应该鼓励孩子多去思考，同时，我们也应该唤醒沉睡已久的童心，用同等和欣赏的眼光去碰触孩子的心灵。

1

腊月二十三这天，妈妈正在包饺子,6岁的女儿在旁边看着。忽然,女儿提出了一个很难回答的问题:"妈妈,人是从哪儿来的啊？"

妈妈忙于擀皮包馅,不知道怎么回答,就说:"妈妈现在忙,等会儿去查好吗？你先自己想一想。"

女儿在案板边一边玩面团一边歪着头思索,妈妈就专注地揉面团擀饺子皮……

突然,女儿眼睛放着光,大声说道:"我知道了,妈妈！人都是从一个大肉团里分离出来的！"

妈妈听到完全愣住了,她没有想到女儿能说出隐喻性这么强的话,她夸赞道:"你的想象力真棒！"

吃过饺子后,妈妈给女儿讲起了女娲抟土造人的故事……

故事中的妈妈肯定了女儿的想法,但在现实生活中,孩子的"奇思妙想"常常会遭到大人的打击——

"人都是猴子变的,有什么好想的,快去背古诗！"

"你就会想这些乱七八糟的东西,老师讲的却什么也不知道。"

"你去看看书上怎么写的！"

……

因为没时间或者没心情,大人们对于孩子的"奇思妙想"往往采取忽视或敷衍的态度,这是对孩子自由思想的一种伤害。面对孩子的奇思,我们更应该采取鼓励的态度,鼓励他们提出那些所谓的傻傻的问题,这也正是孩子进行的突破和创造。

2

黄炜随母亲去广州旅游。出门时,福州的气温有些低,黄炜多穿了一件夹克衫。不料,广州气温较高,他只好把外套脱下,塞进手提包里。

从广州回来后,爱动脑筋的黄炜琢磨开了:出门旅游,衣服带多了是累赘,带少了又担心天气变冷,怎么办?一天,他背起书桌上的书包时,突然来了灵感:能不能将外套改装成背包?在家长和同学看来,这个想法是"胡思乱想",但这个想法却引起了学校科技指导老师的重视。

很快,在母亲的陪同下,黄炜在商场花100多元买了夹克衫、书包、拉链及钥匙扣等材料,连夜绘图、测算、加工及缝制。他将衣服的袖子藏起来,拉链拉上,再把衣服的上下封死,同时加上两根背带。三天后,一件神奇的背包御寒两用夹克衫正式"出炉"。只见这件衣服像大背包,藏蓝色,防水布的面料;拉开边上的四道拉链,抖两下,背包立刻变成了一件米白色的夹克衫。

随后,在学校老师的建议和指导下,黄炜将"背包御寒两用夹克衫"申请了专利,并获得相关部门的批准。"胡思乱想"就这样变成了"奇思妙想"。

孩子经常会有一些奇怪的想法和念头,这些想法也许看起来很荒唐,甚至不着边际,却是孩子创造性思维的体现。父母应鼓励、赏识孩子的奇思妙想,并引导他们按照自己的想法来尝试,也许就是一个很棒的发明。

3

周末,甜甜带了几个同学来家里玩,妈妈很高兴,给她们每个人发了一盒果汁饮料。

喝完饮料之后,甜甜突然开始找她的小剪刀。又过了一会儿,甜甜拿来一只用盒子做成的小船:"妈妈,看! 小船!"

妈妈高兴地问:"你是怎么做到的呢?"

"我把饮料盒子剪去一半,用胶水在两边粘上尖尖的头和尾,它就变成小船了!"

"嗯,你真棒!"

看到这些,甜甜的同学们也都跃跃欲试,有说能做飞机的,有说能做汽车的,甜甜的妈妈都鼓励了她们。

两个小时后,客厅的茶几上已经摆了好几个手工作品,甜甜的妈妈夸奖了每一个孩子,还说:"多动脑,多动手,常见的废物也能被二次利用。"

很多伟大的发明创造都是先有了所谓的痴人说梦般的幻想才得以实现的。因此,父母不要斥责孩子的异想天开,应鼓励他们开动脑筋,大胆想象,表达自己的独立见解,并引导他们将想法付诸实践。

有些父母认为孩子的怪念头是在胡闹, 于是阻止和训斥他们。这样就把孩子的创新意识扼杀在了摇篮之中,不利于孩子日后创新思维的发展,还易使其形成刻板、固守陈规的行事风格。

因此,当孩子以自己的奇怪想法做出超出常规的事时,只要不是危险或负面的行为,父母就应给予鼓励。即使孩子的行为被众人不屑,你也应该做出正面、积极的评价,引导他们继续思考,找到改进的方法。这样才能使孩子刚刚破土而出的想象力、创造力的幼苗得到保护,茁壮成长。

教孩子每天做事有计划

小到身边的点点滴滴,大到一生的目标追求,计划都是不可缺少的。做事有计划不仅是一种习惯,更反映了一种态度,它是能否把事情做好的重要因素。

1

小可进幼儿园了,幼儿园的老师反映说,小可在幼儿园总是注意力不集中,一会儿做这个一会儿找那个。妈妈想到他在家里的表现,觉得是时候教他如何有计划地做事了。

周五晚上,妈妈来到他的房间,问他明天想做什么。小可不耐烦地说:"哎呀,等明天再说吧!"

妈妈耐心地解释:"明天万一妈妈有事怎么办?还记得上次妈妈刚要带你去公园,结果妈妈的老板打来电话,妈妈又跑去公司吗?如果之前约定好了,妈妈就不会那样走掉了。"

小可这下觉得非常不错,开始说自己的计划,结果全是吃东西、玩玩具、玩手机之类的。妈妈笑笑说:"我们要做一个完整的生活计划,只做你爱做的事情是不够的,妈妈帮你把生活作息也加上去好吗？"小可点点头。

在妈妈的帮助下, 小可终于有了一份生活计划:"早晨8点起床,20分钟穿衣洗漱,然后花半个小时吃早饭,吃完早饭就玩半个小时的玩具……"

周六,虽然一开始小可有一些抵触,妈妈在监督执行的时候也有一些小插曲,但总算按计划完成了所有事情。晚上睡觉的时候,妈妈问:"小可,这样按计划做事怎么样？"小可摇摇头,马上又点点头。妈妈说:"既然你觉得有好有坏,那我们再体验一天怎么样？"这一次,小可自己做了一张还算合理的计划表并圆满地完成了它。

渐渐地,小可养成了有计划做事的习惯,上了小学之后,他还当上了班里的生活委员,学习成绩也很不错,妈妈在心里感到高兴。

小可的妈妈通过一天的计划来考验和教育小可,这是一个很好的开端, 让小可逐渐锻炼了做计划的能力和做事的条理性,在这样不断的尝试中,小可养成了良好的做事习惯,并最后竞选上班级干部。

2

小珍最近很沮丧,妈妈找她谈心,她总是什么都不说。妈妈最后说:"记住,小珍,即使犯了错误,我也是爱你的。谁还没犯过错呢？找到原因再努力就是了。"

两天之后，小珍终于主动找妈妈谈心。原来，小珍会给自己制订许多计划，比如每天背100个单词、看50页文学书，但是她很少能完成这些计划，因为她这个年纪课业本来就不轻松。完不成计划让她十分沮丧，这些未完成的计划累积起来，让她感到非常疲惫，进而影响到她完成下面的计划。

妈妈听了，心里松了一口气，然后开始分析女儿的问题："你平时的课后作业本来就多，你还给自己订了这么沉重的计划，本来就不太合理。不要觉得别人怎样怎样，你自己完不成、感到压力大，那就是不好的计划。而且你体会一下，因为自己的计划没有完成，你平时课内的学习都被影响了，这样值得吗？你能有更远大的目标，妈妈很高兴，但是，量力而行很重要。"

小珍听了妈妈的话，思考良久，然后对妈妈笑着说："我明白了，妈妈！"

小珍把自己的计划减了一半的量甚至更多，现在她基本上每天都能完成计划，有了很高的成就感，学习也有了明显的进步。

3

凡事预则立。再小的事情，都要让孩子有做计划的意识。这不是简单的程序，它不仅是锻炼孩子做事严谨的一种手段，也是让孩子学习独立的思考能力、处理能力的机会，是让孩子更好地解决问题的重要前提。

做事有计划是一个人工作、学习、生活的良好习惯，也是一种积极的生活态度。妈妈应该从小对孩子进行培养，让他们养成系

统思维、落实计划、检查反思的良好习惯。

做事有计划不仅能帮助孩子有条不紊地照料自己的生活，也能帮助他们更好地学习和处理各种事情。那些取得杰出成就的人，就常常得益于做事有计划。

在日常生活中，做家长的要向孩子强调计划的重要性，更要让孩子明白，再完美的计划，如果不具备可行性，也是毫无帮助的。只有切实可行的计划，才会让事情变得更具有条理。所以在做计划的时候，留出弹性的空间非常有必要。在孩子开始尝试制订一个个计划时，妈妈也应该在旁边给出指导建议，帮助孩子不断完善它们。

和孩子一起用幽默装点生活

幽默是一种智慧，更是一种语言能力。同样的话用不同的表达方式，给人的体验感是不相同的，诙谐幽默的语言更易塑造亲近、轻松、愉悦的沟通氛围。孩子从小学会幽默这种智慧，长大后就会在社交中游刃有余。

1

有位女学生在追星的时候遇到了许多烦恼,她诚实地告诉了妈妈,想让坏情绪获得纾解。"自从××明星出现以后,我觉得我心动了,我好想嫁给他,可是喜欢他的人有那么多,我该怎么办?"

她的妈妈耐心地说:"你看,他有好几百万粉丝,这里面的小姑娘估计都和你有一样的想法,都想要嫁给他。但你得明白,演员、歌手都是职业,他们把最好的一面展示给别人看,这是职业对他们的要求。就像妈妈做财务,妈妈会很严谨,但是妈妈平时也会做马虎事啊。一个工作中的人,不能代表他生活中的样子,尤其是外表光鲜的偶像演员,这一点你要慢慢明白。

"如果你不肯去了解,你觉得你的喜欢不可动摇,好,我再告诉你,真正的感情最重要的是什么,是势均力敌。你这么喜欢他,可他喜欢你吗?他知道他上百万的粉丝中有一个你吗?当然,抛开上面说的这些,我非常乐意成全你们的婚事。但正如我刚才说的,想要而且有可能跟他结婚的人有几百万那么多,你很可能排在非常靠后的位置,当他跟前面的姑娘离婚之后,我会很乐意让你带上丰厚的嫁妆嫁给他的,好吗?"

一席话说完,这位姑娘羞涩地笑了起来,很快走出了痴迷与狂热。

这位妈妈的几句话看似夸张却完全符合生活逻辑,看似戏谑却又不失真诚。女儿自然会欣然领受。如果板起面孔说教一番或是直接予以批评,只会使她疏远自己或是产生逆反心理,从而破坏轻松和谐的母女关系。

2

这也告诉我们，幽默的语言往往给人以诙谐的情趣，又能使人在笑意中有所领悟。因而幽默往往是缓解紧张、祛除畏惧、平息愤怒的"良药"。

将幽默风趣融于家庭教育中，家庭气氛自然更加和谐融洽，孩子也更容易敞开心扉将心中的困惑告诉妈妈，跟妈妈做无话不谈的好朋友。而在疾言厉色的中国传统式教育背景下，由于缺少轻松和谐的氛围，孩子更多地倾向于将心中的困惑写在日记本上或是告诉同龄人，父母也因此失去了和孩子沟通并及时施教的机会。由此可见，幽默这个元素在家庭教育中的影响多么大。

孩子长大后会面临求学、工作、生活、婚姻等方面的问题，往往要与人交涉。学会在交往中适时地表现些幽默，使用些巧妙的话语，往往能大幅度地提高沟通的效率，这样做事情成功的概率一定会大大增加。

3

弗洛伊德说："最幽默的人，是最能适应的人。"在生活中无论是孩子还是身为成年人的我们都可能会面临许多尴尬的时刻，在面临尴尬和窘迫的时候，我们都可能会手足无措。自尊心强的孩子更会感到自己丢尽了脸面，无地自容。这时，如果能谈笑如故，让心态迅速平静下来，用幽默风趣的方式将尴尬化解，反而会成为自己情商高的佐证。

妈妈更要学会掌握幽默这种智慧。在生活和教育孩子的过程中,总会遭遇一些问题和困难,如果妈妈善于运用幽默的力量,能够主动地去创造幽默,那生活一定会充满了欢笑。孩子也会在一种愉快的氛围中健康成长,从妈妈身上学习到这种处世的智慧,在面对生活的不公平和来自他人的针对和刁难时,也会运用幽默的力量,打破紧张的局面,让各种不愉快的心情顷刻间烟消云散。

第六章

优雅的能量：

培养女孩高贵气质

培养女孩正确的审美观

心理学家研究表明,女孩在两三岁时就会产生审美需求,并且迎来自己的审美敏感期。例如,在青春期的时候,女孩就会想穿妈妈的鞋子、用妈妈的口红。等再长大一点儿,她们爱美的心更强烈了。孩子的审美比较容易受到电视媒体的影响,很多女孩还会竞相模仿明星的穿着打扮。对于女孩不断觉醒的爱美之心,妈妈一定要谨慎对待,要培养孩子正向的审美价值,才能保证她们健康地长大。

1

妈妈首先应该尊重女儿爱美的天性。

晓璇10岁了,她平时总要穿裙子,即使是寒冷的冬天,她也跟妈妈吵着要穿裙子。妈妈为她的健康着想,不想给她穿裙子,就吓唬她说:"总穿裙子的人会变成狐狸精的,到时候谁都不喜欢你,你就嫁不出去了!"

说者无意听者有心,晓璇记住了妈妈的话,从此她认为穿裙子人会变坏,就再也不穿裙子了。即使妈妈给她买裙子穿,她都不要了。

　　爱美是女孩的天性，如果妈妈在她们刚刚产生审美需求时也就粗暴地干涉、阻止、限制她们，会严重影响到她们对于美感的认知。但是女孩又极容易受电视媒体、同学朋友的影响，如果妈妈不闻不问，她们的审美观也很可能会被扭曲，形成一种错误的审美观念。因此，在年幼的女孩第一次表现出对美的需求时，妈妈一定要做好引导工作。

　　早晨，女儿房间的门还是紧闭的，妈妈关切地敲了敲门："小萌，你起来了吗？"

　　房间里传来女儿的声音："等一下，妈妈，我马上出来！"

　　几分钟后，妈妈再一次来催促女儿："小萌，再不出来饭都凉了。"

　　门一下子打开了，妈妈被吓了一跳。女儿的脸上红一块白一块，眉毛画得又粗又黑，嘴唇涂得血红——原来她在学习化妆。

　　妈妈的眉毛不禁皱了起来："马上去洗干净！你才上小学，怎么可以化妆！画得像个怪物一样。"

　　小萌冲进了洗手间，一边洗一边无声地流泪。

　　不久以后，女儿的班主任打电话给妈妈："我们班里要表演节目，可是你的女儿死活不肯化妆，说你不允许她化妆，现在还在哭。"

　　妈妈突然觉得自己做错了。

　　对美的追求镌刻在每一个女孩的灵魂中，这种向往之情是不分年龄的。每个女孩心中都有一个关于美丽的梦，梦到自己某天醒来变得漂亮可爱，所有的人都夸奖她，说她是个美丽的公主。作为母亲，应该维护女儿这种对美的渴望和向往，让女儿保持这种浪漫的情怀，实现自己成为美丽女人的梦想。

所以,如果女儿开始对美有所追求,父母不要采取强硬的措施严厉地打击孩子,而是要用客观态度,以正确的教育方式引导她、尊重她、理解她,培养她积极正面的审美趣味,使女儿成为一个乖巧可人、美丽灵动的小姑娘。

2

小悦放学回家后有点不高兴,文瑶问她怎么回事,小悦说:"我们班上的晓莉,就是家里有钱的那个,总是穿着名牌衣服在我面前晃。"

文瑶笑了笑,说:"你觉得那些衣服怎么样,想不想要?"

小悦警惕地说:"那些衣服很漂亮……"

文瑶说:"可是,你喜欢吗?漂亮的衣服穿在你身上一定就好看吗?"

"我觉得我喜欢素淡的衣服,她那些花花绿绿的衣服我穿肯定不好看。我只是气不过,她跟我炫耀,太恶心了!"小悦愤愤地说。

文瑶语重心长地说:"孩子,羡慕、嫉妒是人都有的情绪,不用否认它。我们活在世上,得脚踏实地,不能变成无根之水。咱们家的'地'是什么?就是没那么有钱,但是也不会委屈谁。你啊,对自己得有信心,不要因为别人跟你炫耀,你就被他们控制住了,你就不高兴。美,不仅从穿衣打扮上体现出来,也从强大的心灵上体现出来。"

小悦看了看自己身上的衣服,心态又重新变得开朗。第二天上学,小悦浑身散发着积极阳光的气质。

　　作为妈妈，我们应该告诉女儿，气质才是女孩最鲜亮的衣裳。这样，女儿会更注重自己气质的培养，而不再只关心穿什么样的衣服、戴什么样的首饰、用什么样的化妆品。当一个女孩充满自信和青春活力，那么她一定是美丽的。我们应该注重培育孩子的不俗气质，比如自信、优雅、大方，气质的提高才能让女孩的美由内而外，散发开来。

3

　　不少女孩都曾有过穿着妈妈的花裙子、踩着妈妈的高跟鞋在镜子前"臭美"的经历，甚至还有一些女孩会拿来妈妈的大耳环、化妆品自我打造一番，陶醉于自己的美丽中。于是女孩子开始注重自己的裙子是不是最漂亮，自己的穿着和打扮有没有受到别人的瞩目和钦羡，红指甲、粉裙子、项链、花衣服……对美丽的盲目追求，也让很多女孩容易形成错误的审美观。尤其是初步唤醒爱美之心的少女，她们身心发育不够完善，容易沉浸在不正确的审美中，这时就需要妈妈积极的引导。

　　有着像小悦一样心理的小女孩在生活中并不少见。对于小女孩来说，小伙伴之间最受欢迎的衣着方式、衣服款型，往往会成为自己追捧的对象。孩子的审美能力如何，离不开妈妈的教育和引导，不少妈妈只是一味地满足孩子爱美的心理，却忽略了培养女儿对美的独特见解，使孩子成了"跟风族"。这样不仅不能突出孩子本身的特点，也不容易使孩子建立真正属于自己的审美观。

　　所以作为女孩的妈妈，要时刻向女儿传达美的概念，让她知道美不仅需要单纯的漂亮衣服，更需要拥有自己的个性。在现实生活中,妈妈不妨让女儿自己开动脑筋,享受参与设计的快乐,帮助她建立自己独特的审美观念。一个拥有自我独特审美品位的女性,才能展现出自己真正的美丽。

"我的女儿很美"

人在自信的时候,面部表情往往是很动人的。眼神的执着和眉毛的力度,在这时候最明显。而且在你对一件事特别有信心的时候,周围的人能够感觉得到那种从内而外散发的魅力。自信的魅力就像磁场,吸引大家不得不把注意力投向你。

拥有足够自信的女性才能展现美丽,才能描绘自己人生的绚丽。那么女性的自信从何而来?不仅仅来自外貌以及外在物质的丰足,更来自丰盈的内心世界,来自那颗自信的心灵。

1

陈妍从市图书馆出来准备回家。她一路没有抬头,慢慢地走到了公交车站。

她不仅很少抬头走路,也很少看路边光亮的橱窗、汽车的挡风玻璃和站台那块巨大的背光广告,因为她觉得自己长得太

难看了。

小学和初中时期,她没有朋友,同学们好像都躲着她;上学的路上,她总是孤孤单单的一个人。逐渐地,她的性格变得越来越孤僻。

她站在广告牌后面,静静地等着公交车。一个穿白色裙子的身影忽然闯进站台前的灯光中,她的心跳好像停了一秒。她很快收回目光,却又忍不住看回去——那是个脸上有烧伤痕迹的女孩子。

那个女孩子像是有魔力一样,紧紧地吸住了陈妍的目光。她的脸像是经历过一次残酷的劫难,但是她没有表现出一点自卑和忧愁。她没有刻意逃避其他人的目光,甚至非常自然地与母亲交谈……

陈妍不由得走到二人跟前,鼓起勇气说道:"对不起——我,我想知道你是怎么变得这么阳光的。从小到大,我一直因为容貌抬不起头……"

那位母亲微笑着对她说:"你要善于发现自己的美,不要被他人的审美眼光左右。你看,你的嘴很俏皮很可爱,眼睛虽然不大,却有一种东方女性的柔美。"陈妍有些震惊,从来没有人说她身上有能夸奖的地方,连自己的妈妈也只是不停地说自己丑。

那个女孩儿也鼓励她说:"永远爱自己,永远面向阳光,不要失去信心和希望。"

每一个孩子都会有这样那样的缺点,对于孩子的缺点,妈妈万万不该只是去指责,而是要用赞美帮助孩子战胜缺点带来的自卑。其实每个孩子都有可爱之处,妈妈要有善于发现美丽的眼睛。尤其对女孩来说,妈妈更应该多鼓励和赞扬,多对女儿说你很美,让她自信大方起来。

2

每个家长都应当让女儿"骄傲"起来，这种"骄傲"并不是看不起其他人，而是要让她有底气、更自信。自信才能无畏，自信的人才能有足够的安全感，进而有主导自己生活的能力。妈妈要教育女孩从小养成抬头挺胸走路的习惯，因为女孩内心是否高贵、是否自信在很大程度上会通过她的形体展现出来。

自信是人对自身力量的一种确信，深信自己一定能做成某件事，实践所追求的目标。自信是女孩取得成功的必要条件，是成功的源泉。自信也是女孩幸福的源泉。无论女孩身处何种险境，自信的力量都能带给她必胜的勇气，让她逐渐走出困境。培养女孩的自信心比追求好成绩更重要。请让你的女儿生活在鼓励与认可中，这样她才会充满勇气和信心，向着自己的人生目标不断前行。

吴晶15个月大的时候，因患视网膜细胞瘤致双目失明。从那以后，她一直生活在黑暗里。但她凭借超乎常人的毅力和自信，先后在全国和亚洲残疾人运动会上夺得了14块金牌；2007年6月又同时被美国斯坦福大学、哈佛大学、耶鲁大学三所名校录取；精通四国语言的她在瑞典读书，同时当选为瑞典盲人协会董事。虽然有人说她眼睛看不见，会成为别人的累赘，但她并没有自卑，她时刻提醒自己："我眼睛虽然看不见，但我有双手、有大脑、有耳朵，绝不能成为别人的累赘，我要做一个有用的人。"

美丽是许多人都向往的，尤其是年少的小女孩，更希望自己

有漂亮的外表。许多女孩常常为自己的长相苦恼：长得胖、有青春痘……"伤神"的事情不少，归根结底就是怕自己不够美。然而吴晶的美丽却从不因外表而展现，她的自信与毅力才是她的美丽所在，这其实是更高级的"美"。

我们应该让孩子明白，外表、服饰只是女人美丽的依托，真正的美源自我们的内在。而对光鲜外表的追逐也应该适度，不如把追逐的目标放在自身内在美的培养上。

3

妈妈要注意培养女孩的自信。一个自信的女孩，也是一个坚强的人、有责任感的人。不畏惧自己面临的困境，恰当地发挥自己的潜在力量，就能够使自信成为自己走向成功的助推力。

曾经有人做过这样一个实验：

有两只小狗，让其中一只在经常被嘲讽、冷落的环境中长大，而另一只则每天给予其足够的呵护和鼓励。一段时间后，让两只小狗同时面对一只狼，那只一直被人鼓励的小狗冲它高亢地大叫，表现得很勇敢；而那只备受责难的小狗则表现得畏首畏尾，缩成一团，非常胆小。

孩子的成长也是如此，妈妈的鼓励会给予孩子心灵上的安慰和肯定，对孩子的成长来说是一股不可小视的力量。天性使然，女孩常常会表现得比男孩更细腻和柔软。女孩子的自尊心更需要小心地呵护，有些妈妈在女儿犯错时只会粗暴地指责她，这会严重伤害女儿的自尊心，时间久了甚至会引发女儿的自卑心理。想要树立女儿的自信心，首先就要给予她一定的肯定，即便是对于一些女儿没有处理得很好的事情,妈妈也要进行鼓励,给她再试一次的勇气。

当发现女儿取得了一些小的进步时,妈妈更应该适时地给予女儿肯定并鼓励她:你可以做得更好。沐浴在妈妈浓浓的关爱中,女孩才会成长为一个勇敢自信的女子。

美国著名心理学家莱特博士建议,无论在什么样的情况下,父母都要给予女儿合理的赞美和评价,让孩子从中受到支持与鼓励。有一些女孩天性柔弱,很多时候会更加难以建立足够的自信,她们不相信自己的能力,甚至会逐渐变得自卑和胆怯。所以父母要给予女儿适时的称赞,帮助她们确立信心。对于已经存在自卑心理的女孩子,父母更要多做劝慰,帮助孩子重拾自信。

在平时的生活中,父母要多多鼓励女儿进行更多的尝试,并为她们的尝试而喝彩。女儿家的心思总是细腻而敏感的,一个小小的肯定也许就能换得她们一天的积极与乐观。随着女孩一次次的努力,一次次的成功,她们会变得更加出色与自信。父母的语言塑造着孩子的将来,所以,一定不要吝惜对女儿的赞美,或许她们会给你一个惊喜,焕发更强烈的上进心,更加积极地去生活。

以身作则，还女孩温柔天性

很多时候，我们都会用"温柔"来形容一个女孩。可以说，温柔是女孩独有的一种气质，是一种修养，更是一种智慧。温柔的女孩就像一杯清茶，给人一种温暖、淡雅的感觉，让人很舒服。

女孩性格的塑造，与她从小接受的教育有很大的关系。

1

小玉的妈妈最近非常烦恼，她觉得小玉越来越难哄了。小玉小的时候，全家人对她都是百依百顺的，不管她有什么需求都会满足她，可是她还是动不动就大声哭闹。这时候，家人总是一窝蜂地冲上去安慰她，又给她拿糖又给她拿饮料，甚至进行自我批评。

现在，小玉变得越来越强势了，她开始支配全家人的行动；稍有不如意，她就会大哭大闹，不达目的不罢休。妈妈已经不知道该如何对待她了。

小玉的蛮横不懂事，正是家里人的溺爱导致的。

女孩子的温柔，体现在性情的温顺和主动对他人的关怀与体贴上，它是上天赋予女孩最美好的特质之一。如果一个女孩子言行举止处处透露着野蛮和粗俗，那么她一定不会受大家的喜爱。女孩想要拥有温柔的气质，更是离不开妈妈的教导。

2

苏苏平时对其他小朋友很凶，说话重，身体接触的时候也很用力，这使她跟其他小朋友矛盾不断。

渐渐地，大家都不爱跟苏苏玩了，苏苏也变得有点孤僻。

苏苏的老师也有孩子，她察觉到了苏苏的变化，为了让她学会如何与其他人相处，也为了让她变得开朗，她决定跟她谈谈。

"大家来上学，都想快快乐乐开开心心的，谁都不想来这里整天跟别人吵架，你也不想的，对吗？"

她给苏苏看了手机里的照片，那是苏苏蛮不讲理的样子，说："你看，这是你跟其他小朋友吵架时的样子，你觉得好看吗？"苏苏默不作声。

"你得慢慢学着跟其他小朋友和平相处，这不仅是为大家着想，也是为你着想……想发脾气的时候，控制一下自己，哪怕把声音压低一点，你就是成功的。"

苏苏最后点了点头，默默地离开了。在这之后，苏苏虽然还会跟其他小朋友产生矛盾，但已经很少像以前那样大叫大闹了，她还有了两个能一起说话玩耍的伙伴。老师感到非常高兴。

温柔是女孩子美好的特质，它让女孩子更容易被身边的人接受。温柔贤淑自古便是女孩子的优秀品质，温柔的女孩会给人舒心美好的感受，让气氛变得和谐，让世界变得更加美丽。

3

随着时代的进步和女性独立意识的增强，越来越多的女性走向社会，也出现了越来越多的女强人。与此同时，有的女性丢失了一种很珍贵的气质——温柔。

作为新一代的女性，我们都有不同的角色身份，我们需要独立，需要在社会上发展属于自己的事业。但是，作为妻子，作为妈妈，我们需要有温柔的性格，让家人感受到家庭的温暖。而且，在我们的影响下，女儿也会向我们学习，从而成长为一个温柔的女性。

无论是从外表，还是从内心，我们都要保持温柔，言谈举止要柔和，多选择一些展现女性柔美特点的衣服装扮自己。同时，我们也要时刻提醒自己：我要做一位好妈妈，把温柔的一面展现出来。

想要培养女儿温柔的性格，并不需要刻意地训练，只需要在平日里多加引导和提醒。比如，在女儿与他人相处的过程中，我们要教她保持微笑，态度要柔和，说话要保持平和的语气、平缓的语速、适中的音量，动作要大方不扭捏。

妈妈还应注重培养女孩的文明礼仪，并鼓励她们多多读书，丰富自己的学识，以培养个人的气质。慢慢地，女孩的性格自然就会变得温柔，气质也就会变得柔和。

有的孩子在成长中渐渐显露出蛮横和脾气暴躁的特点，造成这种情况的原因，一定有一个不好的源头，也许是从父母、同学等身边人那里学到的，也许是从电视节目中学到的。对此，我们要找到女孩变"强势"的源头，并尽量切断与之的联系。

举止优雅,淑女从小做起

哲学家培根有句名言:"相貌的美高于色泽的美,而秀雅合适的动作美又高于相貌的美。这是美的精华。"对女性来说,美丽的容貌固然能够为其加分不少,然而高雅的气质,却更能突显女性的美。

1

优雅得体的举止,是女性气质的一种表现形式,也是女性的魅力展现。一举步、一抬头、一低眉,都能在无声无息中展现出女性的个人气质和内涵。一个拥有优雅举止的女性往往有着美好的气质和丰富的内涵。

女性优雅的举止也是人际交往中最美丽的名片,塞缪尔·斯迈尔斯说:"友善的言行、得体的举止、优雅的风度,这些都是走进他人心灵的通行证。"一个举止优雅的女人,在社交中往往更受欢迎。

女性能够拥有优雅的举止大多来自其幼年时妈妈的纠正和引导,女孩只有从小养成举止优雅的好习惯,才能最终出落成气质出众、举止得体的女子。所以,妈妈要从女孩小时起就注重培养

她的优雅举止,使女孩形成良好的举止习惯。

身为成人的妈妈更加明白,举止优雅将会为长大后的女孩带来怎样的魅力。但在现实生活中,很多性格外向的女孩,却给妈妈带来了许多"举止优雅"教育的挑战。

性格过分外向的女孩往往像男孩一样好动、淘气,每天跟小伙伴追逐打闹却不能安分下来。这的确是让妈妈感到头疼的一件事情。如果妈妈顺其自然,那孩子就没法培养出优雅得体的气质;如果妈妈严加管束,又极有可能会扼杀孩子的天性。

身为妈妈,要通过潜移默化的方式去约束女孩的不当言行,一点一滴地培养女孩优雅得体的举止。

首先,妈妈要对自己有所要求,给女儿做一个好榜样。妈妈在生活中也要注意自己的言行,妈妈怎样穿着打扮,怎样同其他人谈话,如何议论别人,怎样对待朋友等,都是女儿模仿的对象,尤其是母亲的言行举止,更是女儿的典范。妈妈一定要及早规避自己言行举止上的错误, 同时还要及早为女儿的言行举止做出规范,让女儿自己意识到美的行为对自身的重要性。

其次,在体态上要规范孩子。要保持女孩美好的体态,就要从站姿做起,站一定要挺直身板,抬头挺胸收腹,不管在哪里,在哪种场合,只要是站就要保持这种形态,长久下来就会形成一种习惯。而且,这对于成长中的女孩身体塑形也很重要。告诉你的女儿,站立时身体要直立、挺胸收腹、脚尖稍向外呈V字形,切不可缩脖、耸肩、塌腰,无精打采;正式场合不能双手叉腰或将双臂环抱于胸前。

还要注意的是坐姿优雅。可以学习电视上的主持人都是怎么坐的,走路时则要注意端正体态、挺胸收腹。一个优雅的女孩还要注意礼仪上的培养，从行为中培养气质。

2

让女孩的言行举止文明优雅，并不是要将女孩培养成柔弱的"寄生虫"，也不是压迫女孩的个性发展。她可以爽朗率性如"凤辣子"，却不能举止粗野如"拼命三郎"。之所以要塑造女孩的优雅举止，并不是期望女孩在性格上有所转变，也不是企图让所有的女孩都变得文静，而是要求女孩注意自己的形象，不要忸怩羞怯，不要行为放浪，不要看不起别人，更不要看不起自己。一个女孩只要能够表现得自然从容，没有不雅的动作，就会受到别人的欢迎和尊重。

我国著名儿童文学家冰心一直崇尚"爱的哲学"，对于怎么培养女孩的淑女气质，冰心也给出了自己的建议：让女孩从小注意个人礼仪，包括仪容仪表、仪态举止、谈吐、着装等几个方面；要帮助女孩掌握必要的文明礼貌常识；帮助女孩建立自尊和尊重他人的意识。

讲文明、懂礼貌是为人处世的起点。中国大教育家孔子曾经说过："不学礼，无以立。"英国著名教育家斯宾塞也曾经说过："礼仪修养是一个人全部品德的基础。"由此可见，无论是在东方还是在西方，都把文明礼貌看得非常重要。

3

欢欢5岁了，可是最基本的家庭礼貌还没学会，想要什么就大

叫，长辈帮她做了什么也不说谢谢，将之视为理所应当。

一天上午，欢欢又开始大喊："妈妈，我饿了，给我拿零食！"妈妈假装没听到。

欢欢又叫了几声，见妈妈没有回应，她直接跑到妈妈身边，大声喊道："妈妈，我饿了！"

妈妈说："你说得不对，我不能帮你拿零食。"

"哪里不对？"

"你要说'妈妈，我饿了，请你帮我拿零食吃，好吗？'"欢欢重复了一遍，妈妈终于起身去拿欢欢最爱的零食。

欢欢接过零食后，马上就要跑回去，妈妈说："等一下！"

欢欢疑惑地问："又怎么了，妈妈？"

妈妈说："我帮你拿了零食，你得说'谢谢'！因为你占用了我的时间，这是基本的礼貌。"

欢欢好像明白了，笑着说："谢谢！"

这位妈妈就是这么一点一点地培养女儿学会使用文明语言的。

一个人不仅要有良好的品质，还要有良好的举止。在女孩的成长过程中，对于她们在举止上表现出来的种种不当要注意矫正。例如，一些孩子乱吐口水，当众挖鼻孔，走路左摇右晃、横冲直撞等。这些不恰当的行为如果没有得到父母及时的制止，慢慢就会变本加厉，孩子也会产生邋遢、懒散的负面形象。在每一件小事上对孩子的行为进行规范，就是在帮助她们成为更出色得体的人。妈妈必须教孩子养成讲礼貌的行为习惯。孩子虽然不是成人，但与他人交往，要有尊重他人的友善态度。一个没礼貌的孩子，是不受欢迎、不讨人喜欢的，很难真正融入一个集体之中。尤其是与人初次见面的时候,礼貌待人更加重要。

要教会孩子一些礼貌常识。比如,去别人家做客,不能随便要这要那,不能乱翻别人的东西;有客人来时,要请客人坐,给客人端茶;不能骂人,讲脏话等。女孩言行举止文明,有规范意识,长大后才能变得优雅得体,落落大方。

欣赏艺术,培养女孩的气质

艺术教育是素质教育的最好手段,学会欣赏艺术,对一个女孩气质的培养大有裨益。提高女孩的艺术素养,就是在提升她的个人魅力。大艺术家毕加索曾经这样说:"每一个孩子都是天生的艺术家,问题是怎么在长大以后,仍然保持这种天赋。"对女孩的艺术教育,需要妈妈们做出不懈的努力。

1

我们先来分享一个故事。

阿尔丰斯·穆夏是捷克的画家、装饰艺术家,是20世纪初"新艺术运动"的代表。

穆夏的作品在紫金山脚下的南京博物院进行展览期间,一位

妈妈带着孩子游览过紫金山后,来到了博物院看展览。

女儿很认真地看着展品,看到特别喜欢的,还会用相机拍下来。妈妈看着各种化石、石刻、陶器、青铜器,思绪在历史的大海中遨游。

"妈妈!"女儿的声音突然传来。原来,她们已经走到穆夏的作品前。

"看,妈妈,这些海报像不像动漫插画。"女儿指着穆夏最有名的海报画说道,"听说日本动漫就受到他的影响呢!"

妈妈仔细一看,发现这些画作还真的很有微博上一些插画师的风格。

博物院之行圆满完成,女儿刚回到家就想临摹穆夏的作品。妈妈说服她吃了饭再开始。她一笔一画,花了整整一个晚上都没有画好《吉斯蒙达》;第二天,她又花了将近一天才画完它。而晚上7点钟,她还要去老师家学习小提琴。

妈妈被女儿的认真感动了,甚至也有了进一步了解艺术世界的冲动;70多岁的姥姥,在看了外孙女的画之后,也捡起纸笔,开始临摹穆夏的画作:"我以前只觉得中国的山水花鸟才好看,现在一看,原来国外的画作也不错嘛……"

2

所谓艺术,是一种文化现象,大多表现为满足主观与情感的需求,其根本在于不断创造新兴之美,并借此宣泄人们内心的情绪与渴望。一般来说,艺术的种类包括音乐舞蹈等表演艺术、绘画摄影等视觉艺术、雕塑建筑等造型艺术、电影电视等视听艺术、文学演讲等语言艺术、戏剧歌剧等综合艺术……

以上每一种艺术都可以激发女孩与众不同的气质,并且在提高女孩对艺术的感受力的同时,也激发她对艺术继续探索的热忱和信心,而且这种热忱和信心也会转移到其他方面,例如将对音乐的热爱转变成对生活的热爱。

女孩学会了欣赏艺术美,她们在受到美的感染的同时,也能激发出对美的向往。父母多让女孩去接受这些艺术,就是让女孩去接受来自艺术的熏陶,这对女孩也是一种美的教育。让女孩学会欣赏艺术之美,也是对女孩审美观的正向培养,促使她们更加懂得发现与欣赏生活之美,从而形成良好的审美情趣。出众的气质离不开艺术欣赏能力的培养。

3

感受音乐的美,可以让女孩聆听更多直达心灵的声音;感受绘画的美,可以让女孩看到更多渲染生活的色彩;感受舞蹈的美,可以让女孩体验更多肢体散发的魅力……作为妈妈,我们除了让女儿去感受这些艺术的美,更重要的是要提高女儿对艺术的感受力,让她们去学会怎样发现美,进而改变自己。

我们常常形容美丽的女孩是"蕙质兰心",所以培养女孩首先要培养孩子的艺术感受力, 比如要经常带孩子去看各种展览;去旅行的时候多去博物馆等地;如果有合适的音乐表演,无论是古典的还是现代的,都可以让孩子多多观赏;当然,还可以让孩子多读诗词歌赋,多看书。艺术抒发的多是人的情感,孩子多读诗书能丰富情感体验,从而提高自己的鉴赏能力和品位。

如果女孩主动想要学习一门艺术,父母一定要给予鼓励和支持。艺术修养的提高对女孩优雅气质的塑造非常有帮助。

多读书,增加女孩的书香之气

和调皮捣蛋的男孩相比,女孩更喜欢安静。女孩小时候最喜欢的事情就是让妈妈讲故事。等她们长大一点儿,很多女孩都会喜欢上阅读,因为书中不仅有她们喜欢的童话人物,还有她们憧憬的美好梦想。

1

叶娟是个人见人爱的孩子,她在待人接物、举止谈吐方面都高出同龄孩子一筹,引来很多父母的羡慕和敬佩。

为此,很多父母向叶娟的父母请教:到底用了什么妙招让孩子这么棒?

叶娟的父母往往淡淡地一笑,只用简短的几个字来概括,那就是"多让孩子看书"。

叶娟的妈妈张倩透露,她是这样引导女儿读书的:从孩子一出生,只要是醒着的时候,她都会给孩子读书听,慢慢地,她发现女儿在听妈妈阅读的时候会手舞足蹈,仿佛在享受一件美好的事情。

等女儿长到2岁后,张倩就开始给她买一些绘本,为她念上面的文字,并让她观察上面相应的图画;到后来,她就开始给女儿讲故事;上了幼儿园后,她会鼓励女儿自己讲故事给妈妈听。

就这样,一个个优美动听的童话故事陪伴着叶娟成长的每一天。正是在这种熏陶之下,叶娟的语言、写作等能力均得到了很大的提高。慢慢地,叶娟自己也能感受到读书带来的乐趣了。

叶娟7岁那年,上小学了。这时候,张倩也开始逐步"放手",试着吊吊女儿求知的胃口。比如,有时候她会把故事讲到一半,然后推脱说还有事急着要做,让女儿自己去看完。

虽然女儿不太高兴,但由于太想知道故事的结局,就努力地继续往下看。虽然还有很多字她并不认得,但没关系,有拼音帮忙,慢慢地,叶娟就养成了自己看书的习惯。

现在,叶娟快小学毕业了,而她看过的书也装了满满的一书柜。这些书里,既有叶娟小时候看过的故事书,也有后来的儿童小说、百科全书、儿童画报等。

在不断汲取知识的过程中,叶娟的自信心也越发增强。如今,读书已经成了叶娟生活中必不可少的一部分,在汲取知识的同时,她也享受着阅读带来的快乐。

2

对于女孩来说,喜欢阅读是一件好事。因为一个常常读书的女孩,在知识积累、表达能力、思考能力以及判断能力等方面,都

会明显强于其他孩子。此外，读书还会增加女孩的书香之气，让她成长为一个有知识、有内涵的优秀女孩。

茵茵今年13岁，非常喜欢阅读。不管是中国古典文学还国外名著，她统统喜欢。看到女儿对书本的痴迷，妈妈心里终于舒了一口气。

茵茵刚上中学的时候，曾经有一段时间特别迷恋网络游戏。她把妈妈给她买的书都扔在书房的角落里，好几个月都不曾翻动一下。那时候，妈妈劝了她许多次，但是她却不舍得从网络游戏中走出来。

无奈之下，妈妈便告诉茵茵："看到你这样迷恋网络游戏，妈妈真的很难过。妈妈是为你难过，因为你错过了许多看书的时间。你还记得吗？第一次读《三国演义》连环画册的时候，妈妈告诉你《三国演义》这本书写得更棒，你当时嚷嚷着要看，但是你那时太小了，看不懂那么深奥的书，现在你能看懂了，却不想看了。"

茵茵听完，羞愧地低下了头。妈妈静静地走到客厅里，然后拿起一本书开始小声地念了起来。妈妈的读书声仿佛又把她拉回了几年前和妈妈一起读书的日子。于是，茵茵走到妈妈身边，安静地听妈妈念书。后来，茵茵终于控制住了对网络的迷恋，慢慢地重新回归书本。

古人早就告诫我们：腹有诗书气自华。道理很简单，就是告诉我们，一个人多读书，读好书，就会有不俗的气质。如果我们能引导孩子从小爱上读书，那么这对她们的一生都将大有裨益。

当然，并不是每个女孩天生就喜欢阅读，这和父母后天的培养有非常大的关系。

3

对于女孩来说，让她们爱上阅读并不难。只要在她们小的时候多加引导，并且给她们树立一个良好的榜样，她们就会很容易爱上阅读。不过值得一提的是，妈妈应该充满耐心，不要不耐烦——养成一个良好的习惯，毕竟不是一两天的事情。

要多给女孩讲一些阅读的重要性，并且善于从女孩的兴趣爱好出发，培养她们热爱阅读的良好习惯。可以给女孩介绍一些她们乐于接受的书籍类型，让她们轻松地进入阅读状态。

另外，不同年龄段的女孩理解能力也不相同。因此，为了培养女孩热爱读书的良好习惯，应该为她们选择合适的书籍。

当女孩三四岁的时候，她们的词汇量不太多，难以看懂纯文字性的书籍，因此父母可以给她们买一些连环画册；当女孩七八岁的时候，已经积累了一定的词汇量，可以看懂一些简单的童话书了；等到女孩上中学后，父母就可以给她们买一些中外名著或者哲理性的书籍。

读书就像培养女孩的品质一样，需要不断地强化，以形成固定的习惯。如果父母能够鼓励女孩，让她们每天都读一段时间的书，那么她们就能养成每天读书的好习惯，慢慢地喜欢上读书。

如果女孩能够一边读书一边做好读书笔记的话，那么她们对书本的理解便能更加深刻，而且也能坚持学会不少陌生的字词，增强她们的文学素养。因此，父母在鼓励女孩读书的同时，也应该鼓励她们认真做好读书笔记。

第七章

坚强的能量：

培养男孩远大志气

培养男孩勤奋的习惯

妈妈要让男孩知道，再好的天赋如果碰上了懒惰，也只能在暗室中被永远地埋没。身为男孩，一定要刻苦、勤奋，并且把它当成一种习惯，这样，长大后才会更有担当。

1

一个人能否成才，起点固然很重要，然而真正凭借的还是自身的勤奋与努力。被誉为"钢铁大王"的安德鲁·卡内基就是凭借勤奋和努力出人头地的楷模。

10岁时，钢铁大王安德鲁·卡内基觉得妈妈太辛苦了，他想给妈妈分忧，所以就进了一家纺织厂当童工，一周只能赚到1.2美元。后来，他换了一份工作，工资高了一点，但很辛苦，是烧锅炉和在油池里浸纱管。油池里的气味令人作呕，灼热的锅炉使他汗流浃背，不过为了赚钱，他还是咬着牙坚持。

当然，安德鲁·卡内基并不甘心就这样潦倒一生，他想要奋发图强，积极进取，做一个上进的人。

于是，在白天辛苦劳累后，安德鲁·卡内基晚上还会去夜校学习，学习的课程是复式记账法，一周要上三次课。

在1849年的冬天，一个普通的晚上，卡内基上完课回到家，他的姨夫托人来传话，说是匹兹堡市的大卫电报公司需要一个送电报的信差。安德鲁·卡内基听后，立刻意识到，机会来了。

第二天，卡内基穿上崭新的衣服和皮鞋，与父亲一起来到电报公司。在门前，他停下脚步，思考了一会儿，对父亲说："爸爸，我想一个人进去面试，您在外面等我吧。"其实他只是担心自己与父亲并排时，显得自己个子矮小，而且他也担心父亲万一说错话，冲撞了面试官，他就会失去这个好不容易得来的机会。

于是，安德鲁·卡内基一个人到二楼面试。面试官看着面前这个矮个头、高鼻梁的少年，怀疑地问道："匹兹堡市区的街道，你熟悉吗？"

"不熟，但我保证会在一个星期内熟悉匹兹堡的全部街道。"卡内基语气坚定地回答，他顿了顿，又补充道，"我个子虽小，但比别人跑得快，这一点请您放心。"

面试官笑了："好吧，周薪2.5美元，现在可以上班吗？"

就这样，卡内基获得了这份工作，这一年，他才14岁，迈出了人生的第一步。

而他在短短一个星期内，实现了面试时许下的诺言，熟悉了匹兹堡的大街小巷。两个星期之后，就连郊区的路径，他也了如指掌。正如他自己所言，他的个头虽然小，但腿很勤快，很快就在公司获得一致好评。

一年后，他被升为管理信差的负责人。

成为负责人后，卡内基每天会提早一个小时到公司，在打扫完房间后，就悄悄跑到电报房学习如何打电报。他非常珍惜这个秘密的学习机会，日复一日地坚持着。功夫不负有心人，他很快就熟练掌握了收发电报的技术。后来,他获得了提升,成了电报公司里首屈一指的优秀电报员。

当年的匹兹堡不仅是美国的交通枢纽,而且还是物资集散中心和工业中心。在当时,电报作为先进的通信工具,在这座实业家云集的城市发挥着极其重要的作用。通过自身的不断努力,卡内基熟悉了每一家公司的名称和特点,了解了各个公司间的经济关系及业务往来。就这样通过日积月累的学习,他熟读了这本无形的"商业百科全书",而这让他在日后的事业中获益匪浅。

很多年以后,卡内基回顾起这段时期,把它称为"爬上人生阶梯的第一步"。

卡内基日后的卓越成就离不开多年的积累,他的勤奋与毅力让人动容。随着职业技能日益精进,卡内基终于迎来了厚积薄发。我们应该让孩子们懂得,世上无难事,只怕有心人,勤奋与坚韧是成功必要的素质。

2

要想教育孩子勤劳肯干,家长的示范一定要做好。

孙强的妈妈有一个习惯,就是每次吃完饭,都不愿意马上洗碗,总是等到要做下一顿饭的时候,再急急忙忙地来洗碗。她的这个习惯也传染给了孙强。

上初中后,孙强在学校吃饭,每次总是吃饭前才匆忙地洗碗。大家说过他很多次,他自己也觉得这个习惯不好,可就是改不掉。

一个小小的坏习惯背后是懒散的本性,如果一个人在生活中总偷懒,如何有足够的毅力去实现更远大的目标?想要改变

孩子好逸恶劳的心态,必须时刻关注他是否有懒惰的行为并加以惩罚。

孩子年纪小,而养成勤奋习惯不是一朝一夕的事,需要妈妈有计划、有步骤地进行教导。比如,在学习方面,孩子在取得较好的成绩时往往容易骄傲自满。这时,妈妈可以在孩子的承受范围内,给孩子提出进一步的要求,让孩子永远有前进的目标和方向。既然不是一朝一夕的工作,妈妈就要有耐心,在引导孩子养成勤奋习惯的过程中,要平心静气,不要急于求成,否则会适得其反。

3

康拉德·希尔顿是美国旅馆业大亨。在他13岁那年,一件平常的小事深深地印在了他的记忆中,并对他的一生产生了很大的影响。

那天,希尔顿因等待送货的火车直到深夜,所以在早晨睡过了头。

朦朦胧胧中,希尔顿听到了父母的一段对话。

"咱们的儿子怎么还在睡呢?"父亲问。

"就让他多睡一会儿吧,因为他等了一夜的火车。"母亲心疼地回答。

这时,他听父亲叹了口气:"唉,真不知道他会不会就这样睡完他的一生。"

听到这句话,希尔顿马上睁开了眼睛,从床上爬了起来。

从那以后,希尔顿就再也没有睡过头。

所谓"有志者事竟成",人有了志向,往往就会为实现这一志向而奋力拼搏。如果孩子能树立远大的志向，那必然就有动力激励他勤奋努力，去实现自己的志向。当然，孩子志向的发现和确立需要妈妈的指导，孩子向着志向前进的路上也需要妈妈的指导。

世上没有白吃的午餐，也没有一蹴而就的成功。懒惰所受到的惩罚，不仅是自己的失败，还会有对手的成功。培养孩子勤奋的习惯将会是妈妈给孩子的一笔宝贵财富。

男孩的冲突让他们自己解决

在集体生活中，孩子之间难免会发生冲突和矛盾。尤其是男孩，经常会发生争吵或者打斗。有的妈妈在矛盾产生的时候，总想着尽量不要让自己的孩子吃亏，就介入了孩子之间的冲突。

但正确的做法是放手让他们自己处理，如何解决冲突不仅考验着男孩的心胸是否足够宽阔，更是对他们的沟通能力和思维逻辑的挑战。

1

在公园，两个小男孩因为争夺秋千发生了冲突，令人感到惊奇的是，这两个男孩处理冲突的方式截然不同，其中一个男孩去找妈妈，哭着对妈妈说："妈妈，他欺负我，你去给我报仇！"而另一个男孩却说："这个秋千你已经玩两次了，这次该我玩了，我玩一会儿还会让你玩的。"

与同伴发生了矛盾，很多男孩会哭着向老师或妈妈求救，就像故事中的第一个小男孩，这种类型的孩子对成人一般都具有很强的依赖性。而故事中的第二个男孩，他与同伴就谁该玩秋千这个问题发生了矛盾，但他没有向成人求救，也没有通过暴力解决问题，而是与同伴协商。从男孩的话中可以看出他有清晰的逻辑思维和良好的沟通能力，这样的表现更能博得别人的好感，相信小伙伴冷静下来之后也会接受他的建议。

所以，当男孩与同伴发生冲突时，妈妈先不要急于插手帮他们解决，而是应该鼓励他们自己解决，培养他们处理冲突的能力。

2

一次，楠楠与表妹悠悠在客厅玩耍，不一会儿，两个小家伙就吵了起来。楠楠跑来向妈妈告状："妈妈，表妹抢我的积木！"还没等妈妈说话，悠悠就抢着说："表哥太小气，他那么多积木呢，我用几块他都不给。"

妈妈没有判定这两个孩子谁对谁错，而是这样对楠楠说："你当小裁判员，你来分析一下这件事情应该如何解决。在此之前，你们可以把自己的想法都说出来。"

楠楠想都不想地说："表妹应该把积木还给我。"

悠悠也不示弱："我不给，你那还有那么多积木呢！"

"但我想用那块半圆形的积木做小房子的房顶。"

"我也要用那块半圆形的积木！"

楠楠和悠悠都看着楠楠的妈妈,楠楠的妈妈仍然不参与他们之间的"斗争",而是对楠楠说:"你是小裁判员,你应该自己想出一个既公平又合理的办法。"

楠楠想了想,对悠悠说:"这样吧,你是妹妹,我让着你,你先用那块半圆形的积木,但15分钟后你要把它还给我,然后我再用它做房顶。"

就这样,冲突和平解决了。

3

在一个购物中心的游乐场里,两个男孩不知道为了什么打成了一团,穿蓝衣服的男孩把穿黄衣服的男孩压在身下打,穿黄衣服的男孩也不甘示弱,张开嘴一口咬住了蓝衣服男孩的胳膊。

这场混乱并不持久,游乐场的工作人员立刻上来制止了,然后分别打电话给两个孩子的妈妈——这两位妈妈都趁着孩子游玩时,在其他的楼层购物。但两位妈妈的反应却大不一样。黄衣男孩的妈妈先是气势汹汹地责骂工作人员为什么不照看好孩子,工作人员再三道歉,后又转向蓝衣男孩的妈妈朝她发难:"你家孩子比我家孩子大,打我家孩子就必须道歉！"

蓝衣男孩的妈妈却不急不躁,先是仔细地看了看两个孩子身上的伤,发现没什么大问题,对自己的孩子说:"告诉妈妈,为什么要打小弟弟？"

"妈妈,是他先抢我的玩具,再打我的,我不过还手了。他力气没我大,打不过我！"蓝衣男孩的话才说完,黄衣男孩的妈妈又插嘴说："我孩子比你家孩子小,你家孩子就不能让着点?"

蓝衣男孩的妈妈始终面带微笑,对自己的儿子说："虽然是小弟弟先打你的,但是,你的目的是要玩具,你把玩具拿到手就行了,或者请场地的叔叔阿姨帮忙拿回玩具。现在小弟弟被你打回去了,你也打赢了,你觉得应该怎么做?"

蓝衣男孩想了一会,对黄衣男孩说："这个玩具我早就不想玩了,但是你来抢我就偏不给你,和我打架,我可是练过跆拳道的……"

"你练过跆拳道?"黄衣男孩突然羡慕起来,"我也想学,可是妈妈不肯。"

"嗨,我可以教你!"蓝衣男孩满不在乎地说,"一点也不难!"

"真的啊!"黄衣男孩高兴起来,把刚刚的不愉快早忘记了,"那你告诉我,你刚刚把我推倒的那一招,再那样一脚,叫什么……"

两个男孩化敌为友,携手又进了游乐场。此时,蓝衣男孩的妈妈对黄衣男孩的妈妈笑笑说："对不起,孩子要是有什么伤,医药费我们负责。但是,我认为孩子的冲突,最好让孩子自己去解决,做大人的,要相信他们。"

黄衣男孩的妈妈没了之前的嚣张气焰,也红着脸说了声："应该是我对不起。"

男孩们在一起玩耍时,难免会产生分歧,出现一些矛盾和摩擦,这是很正常的。如果妈妈总是介入,那么他们解决冲突的能力永远得不到锻炼。那位蓝衣男孩的妈妈的做法就很对,孩子们都有自己解决问题的方式和策略,只有放手让他们独立去解决问题,才不会让他们养成依赖别人的毛病。

妈妈应该相信孩子的能力,当矛盾产生时,应让孩子独立去承担矛盾的压力,理性地评判是非,在必要的时候再介入,进行适度调解,缓和孩子的情绪。每一次冲突的和平解决,都可以促进孩子的社会交往能力、道德判断能力、语言表达能力等重要素质的发展。

妈妈信任,孩子才勇敢

每个人都渴望被信任,信任感是一个人积极向上、实现自我价值的内驱力。孩子同样渴望着爸爸妈妈的信任。遇到困难的时候,为了不辜负爸爸妈妈的信任,孩子会鼓起勇气,坚定信念,战胜眼前的难关。信任感对孩子良好心理品质的形成具有积极的作用。

1

吴琳跟丈夫结婚较晚,三十多岁才有了儿子。因此,全家人都格外疼爱儿子。儿子今年7岁了,可是还没有独立完成过一件事情,甚至上厕所爷爷奶奶都要陪同。吴琳虽然没有过度溺爱儿子,但是平时对他也是呵护有加,尤其是看了网上很多吓人的事故后,更加不敢让儿子放开玩耍了。而渐渐长大的儿子,内心有了独

立做事的需求，总是被长辈捆住手脚，他的内心很不快乐。

一天，儿子想自己去便利店买零食吃，吴琳考虑到去便利店要过马路，而这一段路总有飞驰的电动车，她没有同意。儿子非常认真地跟吴琳保证："妈妈，相信我，我自己能做到，我会遵守交通规则走马路右边的。"说到后面，儿子的语气已经近于哀求了。吴琳心软了，决定让儿子试一试。半个小时之后，儿子非常开心地捧回了自己最爱的零食，还给吴琳买了她最爱的话梅，吴琳觉得很欣慰。

在此之后，只要是儿子自己想做，吴琳就放手让他去尝试，有时失败了还会耐心地鼓励他。儿子慢慢地变得越来越勇敢，也越来越有责任感了。

国庆节假期，吴琳和丈夫带儿子去公园玩，结果在游船管理处跟儿子走散了。吴琳跟丈夫都非常担心。正当吴琳焦急地奔走求助时，接到了一个陌生的本地来电，她慌忙接通，话筒那头竟然传来儿子的声音。原来，儿子被挤上了另一艘船，现在已经到了对岸停泊的地方，他发现爸爸妈妈不见了，就赶忙请游船管理处的人给妈妈打电话。吴琳跟丈夫连忙赶到游船管理处，那边的工作人员夸奖儿子，遇到问题时很勇敢，没有大哭大闹，反而头脑很冷静，知道来这边求助。

吴琳从最开始对儿子的娇惯到后面给予儿子充分的信任，实现了一个妈妈心理和教育方式上的进步。儿子在被信任的前提下，不断尝试锻炼自己的能力，也逐渐提高了自己的独立性和担当力，这才使得发生意外事件时，他还能够冷静地思考。

永远处于家长庇护下的孩子不能成长为雄鹰，多给孩子一些信任和鼓励，他们会用勇敢和坚强回馈你。

2

信任能将内在的潜能激发出来，从而发展出信心和能力；信任能让人们更愿意呈现出美好之处，从而发展出美好的品质；信任能激发孩子潜在的勇气和坚韧，从而活出他们自信积极的人生。为人父母者，切记不要过分地溺爱和守护孩子，而是要信任他们，让他们不断在生活的点滴中成长，发掘自身的力量。

我们都有这样的感觉，当感到被充分信任时，浑身上下会充满力量，有很强的动力去主动寻求解决问题的办法，而且相当自信。孩子更是如此。爸爸妈妈应当给予孩子充分的信任，在他们取得成功时，给予他们鼓励和称赞。孩子会从爸爸妈妈的反馈中感受到被信任是一件多么快乐的事，然后鼓起劲完成接下来的挑战，唤醒内在的潜力，自信和解决问题的能力就会不断得到提高。

有家庭教育专家曾经说过，教育的奥秘在于坚信孩子"行"。每个孩子心灵深处最强烈的需求和成人一样，就是渴望受到赏识和肯定。父母要自始至终给孩子前进的信心和力量，哪怕是一次不经意的表扬，一个小小的鼓励，都会让孩子激动好长时间，甚至会改变整个面貌。父母应该从对孩子的信任出发，培养孩子的勇气，相信孩子能够自己穿好衣服，相信孩子能够独自上学。让孩子在父母的鼓励和信任中勇敢地面对生活，不断地取得进步。

3

我们给妈妈的建议是：充分信任孩子的能力。

首先，要向孩子传递信任的信息。比如说"我相信你是个有能力的人，遇到问题总能想到解决办法！"通过眼神、表情等身体语言来表达对孩子能力的信任。凡是孩子能做的事，父母要支持孩子独立完成。孩子遇到挫折或失败时，父母要多安慰和鼓励，陪伴他们找出原因，保护他们的自信心，并支持孩子按照他们的想法去解决问题，为孩子提供练习的机会。

其次，要对孩子进行经常性的鼓励来增强孩子的自信。一个学生很胆小，老师每次提问都不敢举手回答，即使他知道答案。老师发现后就鼓励他举手，老师和他约定：当他真会的时候就高高地举起左手，不会的时候就举起右手。这个约定，对孩子来说是一种莫大的鼓励。渐渐地，这个孩子越来越多地举起左手，越来越多、越来越好地回答老师的课堂提问。这个原本极有可能在太多的嘲笑中失去勇气的孩子，也由一个差生转变成了一个好学生。可见鼓励对培养孩子的勇气作用有多大。

再者，要相信孩子能够在每一次失败中找到成功的钥匙。当孩子犯了错误时，父母不要用偏激的言辞去斥责他们，而要循循善诱，晓之以理，和孩子一起分析事件的来龙去脉，指出孩子犯错误的原因，然后帮助孩子改正错误。不要因为一点过失就完全否认孩子的努力和天赋，而是要用心去雕琢。每个人都会犯错，特别是人生观和道德观正在形成中的孩子，犯错的可能性更大。做父母的要充分理解他们、信任他们，引导他们正确对待错误,然后帮助他们在错误中找到进步的可能,下次争取做得更好。

平时,对孩子既要严格要求,善于从日常生活中发现问题,随时给孩子引导和指引;又要足够信任孩子,尊重孩子,陪伴他们进步和成长。父母对孩子的信任能够激发孩子内心的动力,让孩子能够坚定不移地走向成功。他们会在父母充满信任的目光与言语中,从摔倒的地方勇敢地爬起来,一步一个脚印地走向成功,实现他们心中的理想。

告诉男孩,你具有领导潜能

每个男孩都具有做领导者的潜能,而父母却常常忽略对这个潜能的开发。美国等西方国家已经把学生领导力的培养引入正常教学实践中,中国的许多教育专家也越来越重视对这个问题的研究。他们发现领导者的能力,大多都是可以通过对孩子的培养获得的,比如胸襟开阔、能与人合作、能支持别人等。

1

从小锻炼孩子的领导才能,让他们能够在群体中脱颖而出,

使他们能够带领一班人完成更大的事业，对社会对个人都非常有帮助。任何一个家长都希望自己的孩子成为佼佼者，具备卓越的领导才能，能够带领伙伴一起实现人生的价值。

有些男孩似乎更倾向于做一个服从者，经常表示："你看我适合做什么，然后你来安排吧。"团队合作的意识固然是好的，但很多时候个人必须要有主见和担当，有时消极和回避的态度只会造成机会的白白流失。

思远是个刚上初中一年级的男孩，他性格温和内向，不太乐于交往。有一次，妈妈为他报名参加了一个野外生存训练营。由于思远经常在家里帮助妈妈做家务，洗衣做饭这些活儿他都能干得较好，于是，小伙伴们一致推举他为队长，思远却拒绝了。他说自己没有当过领导，不知道如何分配任务和组织大家。小伙伴们没有勉强他，另推选了一位担任过班干部的小朋友当了队长。这个男孩微笑着接受了大家的推举，然后向思远请教各种具体问题怎么处理。男孩认真地把要做的各项工作记录下来，然后分配给各个队员，这次野外活动就在他还算合理的安排下结束了。思远虽然在训练营中也收获了快乐，但看着当队长的小伙伴得到老师的表扬，心里也有点酸酸的。

2

张夕阳是个六年级的男孩，他以前非常内向，也拒绝当任何班干部，他认为那样会费力不讨好，一有责任全是自己的。妈妈知道后，告诉他这也是一种锻炼，如果没有领导能力，很难有责任感。

在妈妈的鼓励下，张夕阳开始参与班长的竞选活动，经过几次失败后，他终于当选了。当选了班长后，他经常组织各种活动，慢慢地培养了自己的领导能力。

妈妈应该鼓励男孩把握当领导的机会，在学校做班干部同样可以锻炼领导能力，即使是不大的职务，也要积极地扛起来。让孩子珍惜这些尝试的机会，告诉他们暂时的失败也是在积累经验教训，坚持下去总会有进步和成功。勇敢地提出主张并请伙伴们通力合作，几次锻炼下来，孩子的领导力和自信心自然会上一个台阶。

与此同时，我们也要告诫孩子多听取伙伴的意见，自以为是，不听劝告的领导者是不合格的。我们应该告诉男孩做这样的领导者：认真地倾听支持和反对自己的意见，听大家陈述自己的理由，善于收集大家的想法，尽量综合团队所有成员的意向和想法，最终做出最有代表性的决定。

另外，要让孩子明白，作为领导者，一定要着眼于实际情况和可行性。观念和口号可以激励人产生伟大的理想和激情，但是作为领导者，在领导团队进行活动时，必须把观念融入具体的工作中，成为可执行的任务，分配给团队的成员。空泛的口号谁都会喊，真正的领导者应该擅长把观念转化为行动。

阳云正在上初中二年级，是学生会主席。有一次，学校组织了一次献爱心的活动，他根据学校团委下达的活动宗旨，制订了具体可行的计划。

他安排各个班级轮流去敬老院看望老人，帮他们打扫卫生，陪他们聊天或者去孤儿院看望那些可怜的孩子，还安排一些班级去帮助环卫工人打扫卫生，并且规定了各项活动内容的规则。在

阳云的安排下，那次活动办得非常成功，他也因此受到团委老师的一致好评。

3

当今社会，激烈的竞争更需要一个人勇于挑战，积极进取，这就要求我们的孩子能够直面问题，并有所担当。培养孩子的领导力也是培养他们的个人担当。任何一个项目的完成都离不开团队的协作，每个孩子都应该至少尝试在自己擅长的领域里做一回领导者，这样才有利于提升专业度和自信心。

拿破仑说过："不愿意当将军的士兵不是好士兵。"妈妈一定要注重培养男孩的领导意识。领导意味着更多的责任和担当，这也是培养男孩责任感的重要方式。

妈妈还应该告诉男孩，领导者也是服务者，并不是居高临下的掌权者，这不是一个可以炫耀的身份。真正的领导者应该成为一个团队的服务者，懂得尊重团队的意愿，了解团队的需要和目标，并且为实现这个目标而领导团队的工作，服务于团队的利益。这样才能真正赢得大家的信赖与支持。

指导男孩从竞争中走出精彩人生

竞争是强者诞生的土壤,每种能力的提高都要经过一次次竞争的磨砺。我们提倡公正合理的竞争,这可以使人们充分发挥出自己的聪明才智,为社会的发展、人类的进步作出贡献。父母应该努力培养男孩的竞争能力,让他们在未来的社会上不怕竞争、敢于竞争,并在竞争中获胜。

1

小阳的期末考试成绩单发下来了,所有科目都亮起了红灯,英语甚至只得了可怜的40分。小阳的心情非常沉重。他以前是在农村老家上学的,后来考上了市里的重点高中。在老家一直都是第一的他,升入高中后感到学习非常吃力。尤其是自己的弱项英语,上课时他总觉得自己在听天书。

一个学期的努力,换来了一张这么羞耻的成绩单,这让小阳对自己十分失望。回到家,他把成绩单交给刚刚下班的妈妈,说:"妈,我不想上学了。"

妈妈放下手中没择完的菜,看了看成绩单,说:"你就这样放弃了?没希望了就放弃,这是逃兵才有的行为!你以为不上学就轻

松了吗？进了社会不玩命跑马上就会被淘汰！你可以逃一时，但逃不了一辈子！"

小阳醍醐灌顶，突然清醒了："我不能做逃兵！我还不甘心，我要争第一！"

从此之后，小阳更加刻苦地学习，每天早起晚睡，终于在周测中取得突破，排名一跃进入全年级中游。小阳的信心和动力大增，开始向着"第一"的目标迈进。

2

在实际学习、生活中，总有一部分孩子对学习或某项活动甘心落后、怯于竞争，表现出动摇、胆怯、逃避等消极情绪。身为父母者，要让孩子明白竞争是现代生活中不可或缺的内容，学会在竞争中成长是现代人基本的生存能力，要在竞争中体现自我，从竞争中走出精彩人生。

竞争意识是指对外界活动所作出的积极、奋发、不甘落后的心理反应。它是产生竞争行为的前提。在今天，每一个男孩都应该视竞争为常态，不竞争为非常态。家长必须教育男孩面对现实，让他们知道有竞争就会有成功和失败，任何试图回避或逃避竞争的做法都是错误的。培养孩子的竞争意识，鼓励孩子参与竞争，对男孩的健康发展具有重大的意义。

每个人都有渴望成功、力争上游的心理。这种心理如果运用得好，就可以成为鼓励自己前进的驱动力。生活中，父母要帮助男孩树立拼搏的精神和竞争的意识，在学习科学文化知识中要不甘落后，敢于脱颖而出；在人生道路上，要敢于冒尖，争当"出头鸟"。

不难想象，一个缺乏竞争意识、学习成绩平平、工作不积极的人是很难赢得同伴的尊重和好感的。

3

男孩在与人竞争时，往往容易产生一些不好的意识和想法。有些男孩没来由地排斥一切竞争，他们认为竞争没有意义；有些男孩过分追求结果，为了胜利不择手段，例如，考试抄袭等。这都是他们没有正确认识竞争造成的后果。

父母应该经常与男孩沟通，告诉他们有竞争才有进步，有竞争才能更好地调动人们工作和生活的积极性，使人们充分发挥自己的聪明才智，为社会作出贡献。但是不择手段的竞争是不利于社会发展的，而且是害人害己的，这种竞争不值得提倡。而良性竞争的展开要求我们保持宽广的心胸，能够接纳强者并勇敢向比你更强的人虚心请教。竞争是帮助"擂主"和"挑战者"共同进步的竞赛，切莫因为想超越别人的渴望而沉浸在旁门左道之中。

有竞争就一定会有输赢，要告诉男孩，胜败乃兵家常事，不要对结果太在意，过程更重于结果。有许多男孩往往接受不了失败的结果，甚至因此失去继续追求和竞争的勇气。

当男孩在竞争中失败时，父母应该耐心地劝导他们，鼓励他们重新树立竞争的勇气。可以多陪他们散散心、聊聊天，鼓励他们发泄出心中的抑郁，及时用伟人先贤的事例来开导他们，让他们振作起来。父母应该鼓励男孩，要坦然地面对失败，认识到一次的失败不代表永远的失败，其实奋斗的过程也是收获的过程，应积极调整心态重新投入到下一轮的竞争中去。

调皮捣蛋的男孩怎么教

我们说调皮是儿童的天性，男孩可能更调皮一点，但是如果孩子的心中完全没有规矩，不分场合、不限尺度调皮捣蛋，那么就会让大人们头疼好一阵了。所以如何教育这些调皮捣蛋的孩子，妈妈要掌握正确的方法。

1

小龙是一个非常好动的男孩，他喜欢在家里到处乱画。妈妈总想着做一个宽容的妈妈，对于小龙的调皮捣蛋行为，她从不摆家长架子，不要权威，而是耐心地跟他讲道理，希望能引导他正向成长。

可是让妈妈没想到的是，在家里还能勉强控制的小龙，去了学校就彻底摆脱了枷锁，开始放开手脚调皮捣蛋。上课时间，他趴在桌子上跟前面的同学调皮，有时捅一下这个同学，有时揪一下那个同学的头发。有一个女生忍无可忍，跟老师说明了情况，老师就罚小龙站了一堂课。小龙心里很不服气，回到座位后，他一下子抽掉了那个女生的椅子，害女生直接坐到地上，脑袋在椅子上磕了一下，出了一点血。

小龙呆住了,老师很快叫来了家长。小龙的爸爸带着小龙向女生和她的家人道歉,还出钱做了检查,赔了医药费,并表示将负责到她康复为止。学校发来处理意见,给予小龙严重警告处分,并表示如果小龙继续调皮、扰乱秩序,将被开除学籍。

回到家后,爸爸对妈妈吼道:"小龙变成现在这样,都是你惯的!再不管教他就变成街头混混了!"盛怒之下,他用皮带狠狠地抽打了小龙的屁股,小龙第一次被打得这么惨,号啕大哭起来。

从此以后,小龙是听话了,但是总是一副无精打采的样子,对任何事情都很消极,甚至畏惧和他人接触。

小龙的好动是天性,而捧出棍棒只会扼杀他这种天性。我们应该先以说教开始,让小龙充分意识到自己的行为给同学带来了多么大的伤害,然后对他进行适当的处罚,最重要的是让他自己承担过失。当孩子明白要为自己的行为买单时,他们就不会放任自己的行为了。另外,还要让孩子理解"己所不欲,勿施于人"的道理,从思维观念上得到成长和转变。

2

孙孙的姨妈把表弟送到孙孙家里来过暑假,孙孙十分开心。好不容易有个小伙伴了,两个孩子玩得忘乎所以。这天,他们在小区里嬉闹,比赛谁跑得快,没有脱鞋子就进了家门,干净的地板立即被两双脏兮兮的球鞋弄脏了。

中午,孙孙的妈妈回家后发现家里一片脏乱,差点气晕了。于是,她没好气地对孙孙喊:"不知道进屋要脱鞋?越大越不懂事!一点不体谅大人的辛苦!"孙孙顿时像泄了气的皮球,失落地坐在沙

发上。

表弟将这事悄悄告诉了妈妈,孙孙的姨妈觉得自己的儿子可能麻烦到人家了,就把他接回去了。在随后的几天里,孙孙始终闷闷不乐。这时候妈妈后悔了,觉得自己前几天的批评过于情绪化,不但伤了孩子的自尊,还破坏了孩子原本快乐的假期。于是妈妈决定找机会鼓励孙孙。

看到孙孙把被子叠好了,妈妈笑着对他说:"你叠的被子真整齐!如果下次小表弟再来,你们可以比赛谁叠被子更整齐!"孙孙眼睛一亮,但又丧气地说:"小表弟都不知道什么时候来呢!被你吓跑了,都没人跟我玩了!"妈妈有点难堪,但是继续微笑着说:"妈妈那天也许语气是重了点,但是谁都喜欢一个懂事、讲礼貌的孩子,如果你成了这样的孩子,大家自然会跟你玩啊。再说,我们也可以去看小表弟,他看到你这样懂事,也会向你学习的。"

孙孙高兴起来。后来,妈妈果然带着孙孙去看了小表弟,并鼓励他们一起做文明礼貌的孩子。

通过一系列的鼓励,妈妈发现孙孙的笑容越来越多,暑假以后,妈妈还发现孙孙变得越来越爱整洁了,他不但爱整理床单被褥,还爱打扫卫生,连作业本上都干干净净的,字迹也工工整整。

3

很多家长面对孩子不守规矩的小错,往往采取放任的态度,既不给孩子指出他们的错误,也不对孩子进行适当的处罚,而一旦闯了大祸就大发雷霆,甚至用上了拳脚。殊不知,正是对每一个小错误的漠视才导致了孩子放任自己的错误行为继续发生。

教育孩子采取宽容柔和的方式本身是没有错的,但放纵孩子的错误就是为人父母的失职。

面对调皮捣蛋的孩子,我们应该首先让他们意识到不当行为的错误。在孩子的头脑中,还没有形成合理化的行为标准,他们在行为上会随心所欲、不守规矩。而这些不当行为对他们自身是很不好的,轻则会给别人留下散漫无礼的印象,重则可能会引发与他人的矛盾和冲突。

总的来说,我们不应该扼杀孩子活泼好动的天性,孩子的调皮和好动在一定程度上会激发他们的探索和创造能力。但我们应该规范孩子的行为,让他们心中有起码的规矩和准则。还有就是要让孩子懂得为自己的行为负责任,这样才能受到尊重和理解。

第八章

正能量的妈妈，

好心态的孩子

做情绪稳定的妈妈

孩子的素质取决于为人父母者的素质和教育。为了不给孩子的心灵蒙上阴影，更为了不给孩子树立坏榜样，妈妈要注意保持情绪的稳定和平和的心态。

1

一个心理学研究生在回家的路上遇到一群孩子，他们好像刚从谁家出来，还在兴奋地谈论着他家的情况。

"不知怎么回事，我特别爱听小毅的妈妈说话，她让我去做什么我完全没有抵触感。"

"原来你也有这种感觉！"

"我也是，我也是！"

一个月之后，研究生又遇到了这群孩子，不过里面有一两个新面孔，他们碰巧又在谈论某位妈妈。

"真没意思，小枫的妈妈就不如小毅的妈妈，说话不好听。"

"是啊是啊，她说什么都像在下命令，真让人难受。"

一段时间之后，这个研究生跟他的同学到所在大学的附属小学做亲子交换体验活动。在活动中，他见到了之前孩子们口中的

两个妈妈：小毅的妈妈端庄稳重，会温柔地鼓励孩子们；小枫的妈妈说话声音很大，不懂得尊重别人，稍有不如意就呵斥孩子，别人家的孩子也不放过。

活动结束时，研究生请孩子们给所有妈妈排名次，毫无意外地，小毅的妈妈占据头名，小枫的妈妈排在最后。

2

一个心理学项目的工作人员曾做过这样一个实验：

他们邀请了一些志愿者父母带着他们一到两岁的孩子来参加项目。父母们带着各自的孩子在房间里玩耍，而在房间的另一边，有两个演员在表演。一开始，两个演员正常地进行聊天，之后突然提高声音开始争吵。

研究者发现，当演员们正常聊天的时候，孩子们没有任何反应，专注于自己的游戏；而当演员们拉高音调、大声争吵的时候，孩子们明显感受到了不对劲，他们停止正在进行的游戏，有些害怕地看向激烈争吵的演员们。之后演员们再用正常的声音说话时，有些孩子还没有从受惊的状态中脱离出来，他们心不在焉，玩一下手中的玩具就看一眼另一边的演员们。

这些研究人员得出结论，虽然孩子们不清楚大人们争吵的具体内容，但这种激烈的对抗必然会给他们留下心理阴影。

3

小枫的班主任打电话给小枫的妈妈，说小枫在学校里一天到晚唉声叹气,对待学习和课外活动都很消极,并且还不时对同学说一些奇怪的话。

比如说,看到有同学参加课外活动,她就说:"人总是要死的,现在锻炼好身体也没用。"

再比如说,她在作文里写:"活着其实一点意思也没有,可是生命是父母给的,我想放弃都不能吧?"

老师怀疑小枫的心理出现了一些问题,于是决定请小枫的家长配合开导孩子。接到电话后,小枫的妈妈急忙赶来了,一见面,老师还没说什么,她就开始大倒苦水,说自己工作上的不顺心;说丈夫对孩子甩手不管;说自己当护士的,天天面对医院里的病人就够头疼了,回家还要面对孩子和家务;说小枫一点不让她省心,有时候半夜回来了,孩子的作业都没做好,第二天的学习用品也没收拾,想想做人真的很没意思……

老师突然明白了,原来是小枫的妈妈无意中把自己的消极情绪一点一点灌输给了孩子,才导致了孩子的抑郁心理。

妈妈是孩子的第一任老师。孩子其实是在和成年人的交往中,去观察、认识、学习如何与人打交道,怎样和别人互相交流的。这就和"近墨者黑,近朱者赤"的道理一样,孩子长期生活在一种消极的氛围下,消极悲观的情绪一定会影响他们的。

做妈妈的,可能会因为对孩子的不满意,或者生活中的烦琐事件,引起各种负面的情绪,但这个时候,一定要尽量控制自己,尽量不要在孩子面前表现出来,否则很可能会带给身边年幼的孩子诸多负面的心理影响。

调节我们自身情绪的一个重要因素就是不抱怨,不累积因为抱怨产生的负面情绪。

　　其实，无休止的埋怨对孩子本身就是一种伤害。当抱怨成为一种习惯，妈妈会发现孩子身上负面的东西会被放得越来越大，甚至孩子的一个眼神、一句话都可以让妈妈浮想联翩，开始感慨孩子是多么不成器。

　　无休止的抱怨只会破坏与孩子之间的亲子关系，加大交流的难度。因为抱怨累积的负面情绪而使得妈妈在孩子面前失控，这对孩子的心灵是一个打击。我们要学会调节自己的心态，情绪稳定的妈妈，才能带出心态积极健全的孩子。

避免用愤怒去克制孩子的愤怒

　　与其告诉孩子愤怒是不对的，不如教育孩子愤怒没有错——愤怒是自然而发的一种情绪，会产生愤怒很正常。

　　如何健康地表现愤怒和发泄愤怒，这才是妈妈要教给孩子的。

1

　　丁岚每天晚饭后都要画画，儿子周周正是顽皮的时候，她有时候也让周周一起画些东西，但更多的时候还是给周周放动画片看，以此换得片刻的宁静。

这一天，丁岚从书房出来，突然发现周周正在玩自己的口红。他把口红涂在了脸上、衣服上，沙发也被画上了鬼脸，更让丁岚生气的是，她的粉底液也被打翻在地，盖子不知去向……

丁岚爆发了，她向周周大吼："周周！为什么动我的化妆品？到墙边站好！"

丁岚批评了周周之后，让周周洗了脸，给他换了衣服，收拾了残局。丁岚一直有睡前给周周讲故事的习惯，这天虽然发生了这些不愉快，她仍然坐到周周床边给他讲起了故事。丁岚不知道讲了多少个故事，讲到自己都睡着了。

突然，她被一阵异响惊醒了，她惊讶地发现，周周正在气呼呼地撕扯那本故事书。丁岚按住自己的火气，对周周说："妈妈睡着了你为什么不叫醒妈妈？书撕坏了可就没有了，你这个样子会让妈妈越来越不喜欢的。"

"妈妈，我错了……"周周抱住了丁岚，又哭了起来。丁岚这时语重心长地对周周说："妈妈今天向你大吼，是因为你未经允许就乱动妈妈的东西，还弄坏了它们。但妈妈不应该对你吼叫，后来妈妈还是一样哄你睡觉，给你讲故事，妈妈刚才睡着了，可你通过撕书来表示自己的不满，这种方式是不是错了呢？"

周周哭着对丁岚说："妈妈，我知道错了，我不应该乱动你的东西，更不应该把故事书撕坏。"

2

上初三的小美，放学后迟迟未归，小美的妈妈内心很着急，打电话给她，小美说自己有点事情，办完了就回来。

结果，妈妈一直等到了晚上6点，才从阳台上看到小美和一个男生有说有笑的，慢悠悠地走进小区。

小美妈妈爆发了，冲下了四楼，对着女儿喊叫："你还知道回来？不看看现在几点了！"

"妈妈，我说了我有点事情……"

"你能有什么事情！"小美的妈妈更生气了，望着那个男生的背影，不假思索地说："你是不是和男生鬼混去了！不好好读书，学会交男朋友了？我告诉你爸爸去，看他不打你一顿！"

"妈妈，你怎么说话这么难听！"小美涨红了脸。

"我说话难听，还是你做的事情难看？"小美的妈妈继续喊叫，小美哭着跑回了房间，把自己锁了起来，晚饭也不出来吃。

晚上，小美的爸爸和女儿谈过后，得知那个男生是小美的同学，正和小美组织一个街拍的活动。这个活动是关于绿色环保主题的，为了策划这个活动，两个人放学后去转了很多大街小巷，一心希望可以拿到学区比赛的大奖。

知道真相的妈妈有点后悔，但觉得事情过去了就算了，也没有跟小美道歉。没想到接下来的一个星期，小美几乎不和妈妈说一句话，进门就摔摔打打，回答妈妈的问话也没好语气。

原本还有点内疚的妈妈，这下动了真气。难道自己的孩子，说她几句，还想"造反"不成？于是，家里总是弥漫着火药味道。

其实，故事里的小美妈妈是担心孩子晚归，只是她的情绪有些过激，把担心用了"生气"的方式表达出来，伤害了青春期女孩的自尊，导致了女儿也采用了"生气"的方式来反抗妈妈。

3

当孩子发脾气的时候，一些妈妈可能会这样说："我辛辛苦苦地把你拉扯大，给你吃、给你喝，你还有什么不满意的？有什么资格和我发脾气？"

也会有一些年轻的妈妈觉得孩子的脾气越来越坏了，已经到了无法容忍的地步。为了让孩子改掉这些习惯，她们常常粗暴地打断孩子所表达的愤怒和不快，甚至动用武力……

愤怒总是令人感到不舒服，不管是看到别人发火还是自己发火都会不舒服。很多孩子年纪还小，还不能很好地控制自己的愤怒情绪，如果妈妈也用愤怒来压制孩子的愤怒，往往只会让孩子更加大声地哭喊，心中充满反抗抵触的情绪。所以引导孩子表现出自己的情绪并用健康的方式发泄或消化掉愤怒，是一件需要技巧的事情。

每个人都会因为某些原因产生不满的情绪，妈妈首先要学会接纳孩子的愤怒，必要的时候要先容忍孩子幼稚的发泄行为。等双方的情绪冷却下来后再对孩子进行教育。与孩子沟通产生不满情绪的原因，如果是客观的，就应该教育孩子直面并接受，如果是因为孩子自身的主观原因，就应该针对他们的情绪进行说服并选用合适的方式帮助他们排解愤怒。

孩子不是你的"出气筒"

　　每个人或多或少都有情绪化的一面，心情好的时候，看谁都顺眼；心情糟的时候，看谁都不顺眼。但每位妈妈要记住，千万不要因为自身的不快和烦躁迁怒到孩子的身上。我们要明白，任何迁怒对平复自身情绪都是于事无补的，把孩子作为"出气筒"只会深深伤害到孩子的心灵。

1

　　做中层领导的李研回家的时候很有情绪。今天在公司，李研因为一个失误被老板批评了，而产生这个失误都是因为上级给了错误的指导意见。李研虽然表面接受了批评但内心却愤愤不平，消极情绪无处发泄。等她进了门，发现丈夫还没做好饭，火气突然就来了："那么早就下班，到现在还没做好饭，你是要饿死我啊!"丈夫虽然下班早，但是每天要做的事情也很多，他压着火气说："马上好，马上好!"最后一盘菜端上桌，丈夫叫了儿子几声，发现儿子在忘我地玩游戏："还玩呢!吃饭了!怎么着还得我过去请你啊?整天就知道玩玩玩，作业一个字没写呢吧?"儿子一回家就写完了作业，只不过在等妈妈吃饭，顺便玩会游戏，现在莫名其妙挨了一顿说,便跑回房间重重地摔上了门。

这个例子是很多家庭都曾发生过的。大人在外面受了气无处宣泄,回到家中就会引起连锁反应,不满的情绪和糟糕的心情沿着由等级和强弱组成的社会关系链条依次传递,由金字塔尖一直扩散到最底层,最终施放在了年幼的孩子身上。易迁怒的妈妈只要脸色不好,孩子就会恐惧,只想避开妈妈,防止引火烧身。如果妈妈不能很好地管控自己的情绪,因为一点小事就暴跳如雷,待在一边的孩子很可能还不知道自己犯了什么过错就招来一顿批评和责骂,这样孩子的心里肯定会充满委屈。类似的状况经常发生只会给孩子幼小的心灵蒙上阴影。

我们理解妈妈的心情,一天的工作做完,人累得什么都不想动,但是家里的各种家务都等着,这个时候任谁都不会太高兴,本身已经快要胀满的情绪很可能因为眼前的一点小问题就爆炸了。但是千万不要把孩子作为出气筒,拿年幼的孩子撒气。即使事后的补偿也无法消弭孩子内心受到的创伤,反复无常的情绪只会给孩子起到坏榜样的作用。

2

李媛最近很郁闷,她的好姐妹们组团出游了,而她因为要在家带孩子,所以没有同行。每当她闲下来打开手机,看到姐妹们发在群里和朋友圈的图片,她就感到人生无望。

曾经她也是一个爱旅游的年轻人,人生最辉煌的时候,她有一个月都在外游玩,从一地离开,马上就踏上去往另一地的旅程。可是现在……

自从一年前得知自己怀孕之后，李媛的担心和焦虑就没有停过：她还不到30岁，还有很多的山没爬过，很多的海没看过；她有一份自己热爱的工作，有自己想要实现的人生目标……这些未实现的心愿，全都因为孩子的突然到来要放下了。

虽然在外地的爸爸妈妈公公婆婆出钱帮她请了月嫂，但是当她独自面对哭闹的孩子时，她还是有点手足无措，她一点都不习惯做一个全职妈妈。

孩子快一岁了，李媛还是觉得人生没有快乐。她带着孩子参加了几次聚会，明显感觉到自己跟好姐妹们脱节了，自己好像已经被世界抛弃。这样消极的状态让她对孩子有了冷漠之心，她经常无视孩子的哭闹，自己玩手机，还因此跟丈夫大吵了一架。

李媛把不能出去旅游归咎于自己的家庭生活，却从不去尝试寻找平衡家庭和个人空间的方法。其实跟丈夫以及父母进行一场开诚布公的对话，然后对时间进行更为合理的配置就会对解决她的问题有所帮助，让她能够拥有实现理想的机会。但她面对着不良情绪，完全没有采取积极的方法，只是对孩子进行冷暴力以及和丈夫争吵，这对解决自身的问题全无帮助。

3

每个人都有不良情绪，不良情绪是一种"毒性"极强的精神垃圾，一旦产生就要及时把它排除掉，不能让它久驻人心。排除这种精神垃圾的方式方法有很多，但原则上都要求我们不要迁怒于他人，尤其是我们的孩子。对孩子经常乱发脾气或用冷暴力对待，只会给孩子带来心理上的伤害，更有甚者会造成孩子的逆反和自闭,这都不是妈妈希望看到的。

然而在现实中,我们控制不住自己时,迁怒最多的人,就是陪伴在我们身边的家人。丈夫事业受挫而迁怒于妻子,妈妈心情烦躁而迁怒于孩子……所以,每个人要认真对待自己的情绪问题,要能够有很好的情绪把控能力,为了孩子的健康成长,也为了和睦的家庭氛围,请大家做出努力,用乐观和积极饱满的状态面对我们的家人,面对我们的孩子,给孩子快乐成长的空间。

不浮躁,再着急,孩子也未必做得好

现在的人们生活节奏很快,因为长期处于快节奏中,妈妈的神经也时常处于难以放松的状态。工作时风风火火,注重效率;下班后依然心急火燎,晚饭必须7点前完成,洗澡必须8点前开始,10点前必须上床睡觉,一切都要在自己的掌控范围内,一旦时间超限了,就容易引发焦虑情绪。然而以浮躁的状态是无法胜任母亲的角色的,紧张和焦虑会破坏我们与孩子相处的幸福时光,对孩子的教育跟成长也很不利。

1

　　每个工作日的早上，都是职场妈妈争分夺秒的时候：要早起洗漱、做饭，把孩子叫醒，送上班车，自己还要准时赶到公司。每一分钟都显得格外珍贵。

　　这一天，还不到7点，小曼把苗苗轻轻拍醒，让她自己穿衣服。小曼在卫生间停留了一会儿，就开始计划着做早餐。早餐很简单，蒸个包子，煮个鸡蛋，热一点牛奶，但还是需要花费近二十分钟时间。小曼把餐桌收拾好，进屋一看，苗苗的衣服穿到一半又坐着睡着了，她赶紧摇醒苗苗，亲手给她套上衣服，让她去卫生间洗漱。眼看着苗苗不紧不慢地洗漱，小曼心里非常着急，赶紧转身跑到房间检查苗苗今天的书包是不是都准备好了，然后急忙把苗苗带出家门，却发现早餐被丢在了家里……

　　欲速则不达，浮躁的状态只会带来更多的纰漏。我们浮躁地安排着孩子的生活，频繁地催促，在这个过程中，他们也不会得到良好的体验。受到父母的影响，孩子也会变得越发没有耐心，反映在学业上表现为遇到难题便想着放弃，反映到做事上则会为了追求"快"而敷衍了事，这都是很不好的影响。

2

　　卢珊结婚较晚，跟丈夫都热衷于事业，因此要孩子也很晚。然而，一年一年过去，看到好友们的孩子都上了初中，在竞赛中有了成绩，卢珊夫妇着急了。

他们为了能让儿子实现跨越式发展，在三年级时就请了家教，报了各种加强班、特长班。结果，没日没夜的学习不但没让儿子"开窍"，反而让儿子失去了学习的兴趣。现在，卢珊一提补习儿子就说头疼。

不得已，研究生毕业的卢珊决定亲自督导儿子学习。一天，儿子有一道数学题不会，卢珊看了看，给他耐心地讲解了一遍，没想到儿子没听懂。她又细致地讲解了一遍，儿子还是没懂。卢珊继续耐着性子一步一步地分析，儿子还是摇头。卢珊一下子急了，大骂："你怎么这么笨？也不知道随谁！"

儿子一下子被吓住了，握着笔哭了起来。

妈妈的急躁，很多时候会反映在对孩子教育的急于求成上。须知，孩子的成长是一个漫长的过程，过分追求速度只会起到拔苗助长的效果。

卢珊不惜花重金给孩子报各种各样的加强班、特长班，可最后孩子却收获甚少。造成这样的原因很大程度是因为卢珊抱有的目的是让孩子尽快赶超别人家的孩子，却从不注重对孩子兴趣本身的培养。焦躁使得她在与孩子沟通时表现出强制、严厉的压迫，这种压迫感让孩子原本的热情和动力都受到了影响，他会畏惧于大人的苛刻而失去信心。因此，妈妈们应该避免教育上的急于求成，给孩子设定系统弹性的学习计划，不能因内心渴望孩子成才而失去方寸。

3

对于一直被焦躁情绪困扰的妈妈来说，在教育孩子时可以记

住以下几个小秘诀：

首先，给孩子打造一个属于他们自己的空间。可以是在他们自己的房间内，舒适的桌椅，安静的环境，妈妈尽量不要去打扰他们，不要催促孩子去完成各种作业，也不要出现在孩子的周围。妈妈应该去做自己的事情，可以在客厅看书，也可以安静地上网等，彼此都可以静下心来跟自己独处。适当的距离感和自由感是有助于改善亲子关系的，双方都能够在自己舒适的空间内梳理自己的情绪，不互相干扰。孩子的功课也可以让他们在自己的空间内完成，做家长的无须时时刻刻盯守在旁边。

其次，在批评孩子之前，心里默数五个数。这是留给自己想清楚的时间，很多时候我们对孩子的错误感到愤怒，指责和批评的话随口就说出来了，这样是不好的，即使是批评，我们也应该尽量选用孩子比较容易接受的方式，而不是脱口而出的吼叫和责备。给自己多五秒的时间，理清孩子具体有什么问题，再心平气和地向孩子陈述自己的观点，让他们心里也能够服气，这对亲子之间的沟通有积极的作用。

最后，跟孩子一起学会欣赏每件事情的过程，而不是只关注结果。我们和孩子都应该有积极良好的心态，现实中产生焦虑与不满的原因很大一部分是由于事情的结果不如意，导致人心的不满足。比如考试成绩下来了，孩子已经努力了一学期却仍然没有取得满意的成绩，由此产生了焦躁的情绪。这时候，妈妈应当告诉他们，努力是一定会有收获的，可能这次成绩并不理想，但他们有的科目已经比上次有所进步，这种进步一样值得骄傲。

妈妈和孩子都应该学会享受做每件事的过程，这样就不会单纯地为结果所困扰，引起浮躁和不满的情绪。

让孩子感受幸福，是妈妈的任务

孩提时代，理应是一个充满梦想和快乐的时代。作为妈妈，一个很重要的任务就是让孩子不断地感受幸福和快乐。而培植孩子的幸福感，首先就要求妈妈自己是一个充满温暖与爱的女人。

1

我们在现实生活中，常常会看到这样的情景——孩子在楼下玩耍，妈妈在旁边使劲催促："好啦，疯玩什么，快点回去做作业。"然后孩子停止了嬉闹，充满不舍地跟小伙伴们告别，背起书包回家。

晚上，看着孩子在灯下熬夜做作业的辛苦样子，妈妈就说："孩子，好样的，'吃得苦中苦，方为人上人'。"却经常忽略了孩子心中的不情愿和对窗外世界的向往。

显然，在这样的场景中，孩子往往是不快乐的。而造成孩子不快乐的原因，是妈妈们拔苗助长的心态。渴望孩子成才、出人头地的想法并非不对，然而仅仅是粗暴地限制孩子的游戏时间，剥夺孩子的自由，并不能帮助孩子成才，更可能起到相反的作用。

有的妈妈认为：自己都是吃了很多苦过来的，孩子要想成功，

也得从小吃苦。诚然,刻苦读书是正确的,然而更重要的是,陪伴孩子找到读书的乐趣,让孩子充分享有一个快乐的童年,让他们的童年中既有课本,也有游戏,有童真和伙伴。这样在他们成长后,记忆中的童年才会是一块五颜六色的画板。

让孩子感受幸福,这才是家庭教育的终极目标,也是作为妈妈的最高境界。

2

傍晚,心事重重的妈妈步履沉重地走进屋子,电视机前的孩子沉浸在动画片带来的快乐中,没有发现妈妈的异样。

妈妈安静地坐在餐桌的椅子上,已经到了晚饭时间,却还没有动手做饭……心思细腻的孩子开始觉察到妈妈与平日的不同。

"妈妈,你怎么了?"

年轻的妈妈一时不知道该怎么说了：国际贸易争端越来越多,自己所在的小外贸公司越来越难经营,不得已开始裁员精简,自己这次就被裁掉了。

沉默了一会儿,她决定实话实说:"妈妈暂时没有工作了。没有工作就没有钱拿,没有钱就不能给你买新衣服、新玩具了。家里的东西,你的玩具,你都要知道爱惜,因为这段时间我们没有钱买新的了。你会体谅妈妈吗,孩子?"

孩子静静地听着,等妈妈说完,一按遥控器,关掉了电视:"妈妈,我体谅你!我不看电视了,我节约用电!你要找不到工作,我们就推一个小车,在街上卖酸梅汤。咱们一前一后,大声喊,'卖酸梅汤啦——酸酸甜甜就是我……'"

妈妈听到这心情轻松了许多，她给了孩子一个大大的拥抱，幸福地笑了。

分享这个故事是想告诉大家,孩子幸福感的塑造得益于妈妈积极心态的传递。作为孩子的榜样,妈妈在面对困难时更要积极乐观。

故事中的妈妈无疑是明智的，当她知道自己失业的时候，并没有哭得稀里哗啦,而是心平气和地告诉孩子现在的状况,让孩子感觉到妈妈只是暂时没有了工作,而不是走上了绝路,从而也就不会把失业理解成一件很恐怖的事情。妈妈自然会想出另谋出路的办法,这就是妈妈传达给孩子的一种积极快乐的心态,让孩子明白了生活中没有过不去的坎,遇到问题要积极去直面它。生活中遭遇风风雨雨都要微笑面对,才能坚守住快乐和幸福。故事中的孩子感受到妈妈平和积极的能量,也提出了自己"卖酸梅汤"的想法,表面看起来很幼稚,实则充满了对生活的信心和对妈妈的爱。

妈妈最应该给予孩子的礼物就是"幸福"。妈妈要让孩子明白,一个幸福的孩子应该懂得调整自己的心理状态。

而作为妈妈要以身作则,在受到挫折时,自己先调整心态。前途总是光明的,不要因困难的出现而变得一蹶不振。

3

怎样才能让孩子感受到幸福呢？

第一个要点是要让孩子有机会享受"不受限制"的快乐。

举个例子,在家里,妈妈辛辛苦苦把屋子收拾得干干净净的,而且周围的邻居又喜欢安静，孩子一旦开始喊叫、跳跃，妈妈便会想办法制止，简单粗暴地呵斥孩子，孩子只好越来越"老实"。表面上，是妈妈管教有方，但由此带来的是，孩子的心灵感受到了压抑，导致热情和活力一点点丧失。所以正确的做法是跟孩子心平气和地沟通，告诉他们为了不打扰邻居，不影响家里的整洁，让他们不要吵闹和喧哗，然后给孩子一个更加自由的空间，放他们去玩耍，去释放活力。

需要注意的是，孩子毕竟是孩子，有些事情，大人觉得没意思，孩子却很喜欢；大人认为孩子会喜欢的东西，孩子得到了却并不高兴。比如，有的父母给孩子买了很贵的玩具，孩子却宁愿玩水、玩泥巴，和小伙伴一起满院子疯跑……所以，妈妈要尊重孩子眼中的世界，不要总把自己的好恶强加给孩子，要让孩子做他们喜欢做的事情，这样他们才能在快乐的玩耍中感受到幸福。

让孩子感受幸福的第二个要点是温馨和睦的家庭环境。要保持家庭生活的美满和谐，需要爸爸妈妈双方共同努力。首先，夫妻间要做到互相理解，包容对方的不足。其次，妈妈更要在细节上花一些心思，例如不定时准备爱心大餐和小点心，在节日里把家里打扮起来，让孩子感受家人同聚时的仪式感和幸福感等。

作为关爱孩子的妈妈，一定要为孩子提供一个幸福的源泉，让每个孩子都拥有一个快乐的童年！

每个阳光孩子的背后,都有一个快乐的妈妈

父亲的爱或许更多的是含蓄与深沉,在潜移默化中教会孩子形成正确的价值观与良好的品性,而母亲的爱往往表现得更为细致和浓烈。妈妈对孩子的爱是蓬勃汹涌的,我们要将这种力量激发出来,使之发挥最大的价值。

1

韩国有一位残疾人钢琴家叫李喜芽。她的双腿比正常人短,而且每只手上只有两根手指头,但是,她爱自己,经常面带微笑和别人交流,而且非常刻苦地练习弹奏钢琴。

她的这种好心态来自她那懂教育的妈妈。李喜芽的妈妈丝毫不在意别人对女儿的评价,她在孩子还很小的时候,就不断地告诉她:"你的手指是世界上最漂亮的手指。"因此,李喜芽丝毫没有被身上的缺陷伤害,她总是快快乐乐的。

她成名后,演奏的钢琴曲非常动听,吸引了不少听众。曾经有记者采访喜芽的妈妈:"当您第一次看到孩子的手指时,您是什么感受?"

妈妈说:"我觉得我们家喜芽很漂亮,当她晃动两根手指时,

就像绽放的花朵一样美丽。我经常对喜芽说：'宝贝，你的手指真漂亮，咱们换手指，好吗？'"

李喜芽在妈妈的影响下，从小就认为，正是因为自己只有四根手指头，所以很多人才喜欢听她演奏，她觉得幸福极了。

喜芽的妈妈传达给孩子的不仅仅是一种快乐的情绪，更是一种积极的、快乐的生存态度。凭借着积极乐观的态度，李喜芽演绎出了自己的精彩。

2

生活中难免会遇到许多不如意，环顾身边的人，聪明能干的不少，却很少有生活得十分快乐的。人们不是对生活不满，便是在追求物质享受的过程中丧失了快乐。

快乐的人也许不是出色的人，但却是掌握人生要义的人。他们知道怎样热爱生活，怎样让生命更有意义地度过。他们可能生活得很平凡但却有滋有味。

正所谓"人生不如意事，十之八九"，在生活里，无论是妈妈还是孩子都会遇到不可避免的问题和困难，我们应该适时教导孩子给自己装一个"快乐引擎"，让他们学会从日常平凡的生活中寻找和发现快乐，让他们不轻易放弃自己，能够快速地调节自己的负面情绪。

因为很多时候，"快乐"并不是别人带来的，也不会凭空从天上掉下来，而是要靠自己去寻找。

请先做一个阳光积极的妈妈，再带领孩子探索生活的快乐。

3

那么如何让孩子在生活中找到自己的快乐呢？

妈妈在日常生活中，要引导孩子不要害怕改变。快乐的人不会害怕生活中的改变，他们甚至会离开让自己感到安逸的生活环境，去寻求全新的生活感受。快乐是需要不断探索的。从来不求改变的人自然缺乏丰富的生活经验，也就难以感受到快乐。

妈妈要让孩子懂得，不抱怨的人才会有快乐。掌握快乐秘诀的人从不问"为什么"，他们不会在"生活为什么对我如此不公平"的问题上做长时间的纠缠，而是会努力去想解决问题的方法。

还有一个关键词是友情。友情是生活中的快乐元素之一，懂得感受友情的孩子才会幸福。快乐需要分享，当朋友将快乐分享给你，你便收获了一份快乐；当你把快乐分享给了朋友，自己的快乐便会加倍成两个人的快乐。一个人如果没有知心好友，就会感到孤独寂寞，悲伤和负面的情绪无人诉说，长此以往就很难有积极正面的情绪。因此，人的生存需要友谊，遇到不愉快的事情或矛盾时，要多和朋友交流，商讨解决问题的办法。闲暇时，让孩子跟伙伴们多做一些有意义的活动，充实生活，一方面能提高孩子与他人相处沟通的能力，另一方面也能让孩子感受友情带来的幸福与快乐。

孩子积极健康的心态离不开妈妈的培养，观察一下你的身边，就可以发现，那些阳光自信、充满乐观情绪的孩子，几乎无一例外地都拥有一位正能量满满的母亲。

再忙，也要帮助孩子建立安全感

安全感是孩子在成长的过程中逐渐形成的对自己、对他人、对生活和对世界的信任感。对于孩子来说，安全感是其身体、情绪、认知发展的基础。

1

月月的父母事业心都很重，他们为了工作经常整晚不回家，连出差也往往不会通知家里人和朋友。月月小时候很黏妈妈，一会儿见不到妈妈就大哭，更不让妈妈出门。妈妈贪图省心，总是趁月月睡着或玩得高兴时悄悄出门，而月月发觉后总是会大哭大闹一场。

月月8岁了，爸爸妈妈还是一门心思都用在工作上。由于缺少父母的关心，月月觉得父母都是陌生人，自己好像是从石头缝里蹦出来的。当她放学看到同学们都有爸爸妈妈接时，她的心里多少有几分羡慕和嫉妒。

月月变得越发没有安全感，变得越来越沉默，她不哭不闹，就是不想说话，总是一个人发呆。现在，父母在家的时候，她也总是把自己锁在房间里。

孩子对妈妈的依恋，实际是出于一种本能。当一个小生命作为一个个体来到这个世界时，支撑他生存、成长，可以让他仰仗的人是妈妈。孕育生命是一个如此神奇的过程，这个过程给了妈妈与孩子骨血和灵魂的维系。对孩子来说，妈妈的怀抱是最温暖、最安全的，而妈妈也一定要把这种感觉传递给孩子。孩子有了母爱的支持，就会有一个稳定的心理基础，也就不会遇到一点困难就感到害怕、无助、焦虑，这样的孩子也比较容易适应环境的变化。

例子里的月月没有得到来自爸爸妈妈的关心和陪伴，渐渐变得缺乏安全感，形成封闭、冷漠的个性，这对她的成长非常不利。如果孩子没有安全感，也就很难有幸福感。而这种缺乏安全感的孩子，通常也无法很好地适应和融入社会。

2

对于孩子来说，妈妈的爱是不可替代的。婴幼儿时，孩子看到妈妈就会感到安全、满足。妈妈的怀抱也是孩子认为最安全、最温暖的地方。即使长大了，孩子对妈妈也会有一种天然的依恋。

俗话说"母子连心"，说的也是这个道理。有这种安全感的孩子，才能感受到来自妈妈的爱与支撑，才会有信心专注地去探索外面的世界。

有些妈妈过于含蓄，不知如何表达自己的情感。其实，给孩子一个温暖的拥抱、一句安慰的话语，最能传递妈妈对孩子的爱了。

心理学研究发现，每个人都有不同程度的"皮肤饥渴感"，尤其在幼年时期，它是一种无法用食物满足的特殊需求。母亲的抚爱不仅对孩子身体的发育与皮肤的健康有益，更对由触觉引起的整个感知能力的提升有卓越的促进作用。孩子如果缺乏拥抱和安

慰，就会变得脆弱、烦躁，缺乏安全感，感到孤独。

妈妈的目光、妈妈的声音、妈妈的胸怀以及妈妈的肢体语言，都是母子沟通的桥梁，孩子就是凭借着这种最原始、最基本的情感交流，发展对整个人类的爱，并建构自身健全的人格的。

让孩子感觉到妈妈的存在和关爱，并和孩子保持亲密的接触，是帮助孩子形成良好心理，建立心理安全感的最佳方式。

3

有些妈妈在日常生活中，因为带孩子实在太辛苦和烦琐，她们几乎不经过大脑思考，下意识地就会对孩子说谎，哄骗孩子。比如说："你只要把作业做好了，妈妈就带你出去玩""你只要把饭吃干净，就可以吃到冰激凌"……结果孩子完成了妈妈的要求，妈妈却没有实现她们的诺言。

妈妈们觉得这是微乎其微的小事情，但是，孩子对世界最初的、最基本的信任感主要来自对妈妈教养行为的感知。如果孩子感到身边的妈妈是安全的、可信任的，那么孩子也容易对外界环境产生安全感和信任感。

相反，如果孩子在日常生活中发现，即使是自己最信任的妈妈也会骗自己，那么孩子对世界的基本信任感和安全感就会相应地受到损害。

妈妈不要总是把"借口"和"哄骗"当作带娃的方式，要知道，孩子安全感的建立，将直接影响孩子人格和心理的发育。一个人若是缺乏了安全感，其他的一切都好比空中楼阁，也许看上去很不错，实际上却不堪一击。

少说多听，让孩子信任你

很多妈妈从孩子早上起床就开始说，一直说到夜幕降临孩子闭上睡眼。在日复一日年复一年的说话声中，妈妈不知不觉地变成了自言自语，孩子则学会了沉默，因为他们即使说话妈妈也不会听。

1

石头正在上小学三年级，他以前活泼开朗、上课积极发言，现在完全变了一个人，变得沉默寡言，常常一个人发呆，学习成绩也退步了。经过了解，班主任终于知道了石头不爱说话的原因。

以前石头很活泼，他每天放学回家，都会把学校发生的趣事说给妈妈听。不过呢，石头的妈妈很严格，因为她把全部希望都寄托在石头身上，希望石头成绩优异，将来能考上很好的大学，有一份好工作。所以，她就觉得石头每天放学回来分享的事很无趣，很浪费时间。每一次石头想要说话时，石头妈妈总会无情地打断他："你怎么整天都只说这些废话？有用吗？这么多时间，如果你放在学习上，肯定可以进步很多了。快去做作业！"最严重的一次，石头跑到厨房，兴高采烈地和妈妈说班里发生的事，妈妈突然放下菜

刀，大声呵斥："说了多少次了，让你别说这些废话，你还说！再记不住，看我不打你！"那凶恶的表情吓得石头一个字也不敢说了，垂着头回到自己房间里去了。

从那以后，石头就变得不爱说话了，每天放学后都闷在自己的房间里。

由此可见，妈妈耐心倾听孩子的喜怒哀乐，对于孩子的性格养成是多么重要。

2

"妈妈，我求您别说了！您说了好多遍啦！"

"知道了，知道了！您有完没完啊，我耳朵听得都起茧啦！真是烦死了！"

……

在你家出现过这样的声音吗？

很多妈妈听到孩子这些话，心里会感到十分委屈：谁愿意唠叨呢？我这么唠叨，不都是为了你好吗，不正是因为爱你吗？我怎么不去唠叨别人呢？为什么自己得不到孩子的理解呢？

的确，没有哪一个母亲是不爱孩子的，只是，如果都选择用唠叨的方式来表达爱，效果会好吗？唠叨的时间越久，孩子就会越觉得烦，耳朵都要起茧了。你在喋喋不休，而你面前的孩子心里也许正在大声呐喊："烦死了！"

究其根本，唠叨的原因不在孩子，而在自身。妈妈想要改掉唠叨的坏习惯，就要学会反思，从自身找原因。简单来说，思想、性格、观念的差异和教养方式等，会导致妈妈对孩子产生唠叨。

在思想上，妈妈通常会选择把自己的希望寄托在孩子身上，甚至有些妈妈希望孩子能够实现自己当年未能实现的理想，而那些理想很可能是很难实现的。这种"转移"理想的方式，会给孩子一种无形的压力。如果孩子能够实现，结局是皆大欢喜，可是一旦没有实现，或者没有按照自己的预期去完成，妈妈就会不自觉地为了"督促"孩子而进行"强化教育"——唠叨。

在性格上，据心理学的研究分析，性格软弱和紧张型的妈妈一般容易唠叨。具体而言，唠叨是不相信自己的表现，因为不放心，不相信别人已听见自己的话了，也不相信孩子会照着自己的话去做，所以才会一遍遍重复，这就有点像有时候我们出门，总不相信自己已经把门关好了，会重复去确认一样。

在观念上，孩子渐渐长大，接触的事物会越来越多，在这个过程中会产生自己的思想和独立思考的能力。而妈妈毕竟是上一代的人，时代不同，接触的事物也有差异，而有些妈妈不能正视这一事实，总是不从孩子的角度去思考，更不了解孩子在想什么，而是试图以老的观点、老的办法去看待问题，把自己的观点和想法强加到孩子身上。

在教养方式上，有些妈妈会骄纵、溺爱孩子，导致孩子养成了骄横、任性、贪图享乐的习惯和唯我独尊的心理，孩子自然也就不会听话了。这时候，言语教育已经起不到效果，那些找不到其他好办法的妈妈，便想当然地认为，孩子不听话，一次不听，就说两次；两次不听，就说三次……只要自己多说几次，他们总有一次会听进去的。

祥林嫂式的谈话方式每个人都不喜欢，可为什么妈妈还会不知不觉地用到孩子身上呢？

3

每个人都希望获得别人的尊重，受到别人的重视。当你专心致志地听对方讲话，甚至是全神贯注地听时，对方一定会有一种被尊重被重视的感觉，双方之间的距离必然会拉近。所以说，倾听是一种礼貌，是对讲话者的尊敬，更是对讲话者的一种最高的赞美，它能使对方在最短的时间内喜欢你、信赖你。

对孩子来说，妈妈的认真倾听就是最好的爱护。

有时候，孩子的思维方式与大人的思维方式是有所不同的。如果妈妈不让孩子把话说完，随意打断孩子的话，不仅不利于孩子表达能力的提高，久而久之，还会使孩子产生自卑心理。因为孩子在对妈妈诉说内心感受的同时也可以提高表达能力、交往能力，如果妈妈剥夺了孩子的表达机会，孩子就会产生语言表达能力、交往能力上的障碍，容易出现自卑心理；另外，妈妈不能认真倾听孩子说话或和孩子缺少沟通，会使得彼此间缺乏信任，导致"代沟"产生，甚至产生敌对情绪，对孩子的成长非常不利。

妈妈要和孩子沟通，不能靠一次又一次的重复，不能靠没完没了的唠叨。聪明的妈妈会少说多听，仔细倾听孩子的诉说并回答孩子的问题，不随意插嘴，尽量表现出她们的倾听兴趣，让孩子发表他们的观点，完整地听他们所讲的话。

如果妈妈在某一原则问题上不同意孩子的看法，应告诉他们，为什么不赞同他们，不赞同的是什么观点，并说出理由。在提出反对意见时不要太武断，不应否定一切，更不应该喋喋不休。

与孩子的负面情绪和平相处

忧伤、快乐、愤怒、烦躁……各种不同的情绪都是我们的一部分,孩子也会有很多情绪,妈妈总希望孩子能够拥有满满的正能量,那么对于孩子的负面情绪,妈妈要怎么处理呢?

1

郭磊有一个表弟叫子强,住在外地。寒假的时候,子强从外地回来过春节,住在郭磊家。

正月初八,恰好是子强的生日。郭磊的妈妈不仅把外公、外婆、舅舅都请到家里来为子强过生日,还专门为子强预定了一个漂亮的蛋糕,准备了一辆金色的小赛车模型作为生日礼物。

这一整天,郭磊妈妈都在为子强的生日派对忙里忙外,郭磊要午睡的时候,她也没有像平时一样给郭磊讲故事,于是郭磊就这样睁着眼躺在在床上,翻来覆去。

晚餐马上就要开始了,亲戚们陆陆续续都到了,都给子强带来了漂亮的礼物。生日会开始了,大家围着生日蛋糕,为子强唱生日快乐歌。子强看到这么热闹的场景和收到的礼物,开心极了,整个晚上都大声地笑着。但一旁的郭磊很不开心,虽然他也收到了

亲戚送的礼物，但是与子强的相比，就少得多了，而且他觉得他收到的礼物都不如子强的礼物好看。亲戚们还在开玩笑："太阳打西边出来了，一直开朗活泼的郭磊今天怎么有点不开心啊。"

晚餐吃完了，大家都围在客厅里喝茶，郭磊的妈妈收拾完餐具，走到客厅，只看到子强一个人在玩车。她觉得奇怪，冲房间里喊了一声"郭磊"，不过没有人答应。她接着又去卧室看了看，郭磊就在里面，她打开灯，又叫了一声，郭磊还是不答应。

郭磊的妈妈蹲下身，想去拉郭磊，郭磊一下子就哭了。妈妈觉得奇怪，问："你怎么了？怎么不在外面玩呢？我给你买了一份拼图玩具呢。"

郭磊哭得更大声了，他哭着说："我才不要拼图呢，我要子强的玩具！妈妈，以后不要再让子强来我们家过年了。我不喜欢他！"

拿着玩具站在房间门口的子强听到了，整个人愣住了，不知道发生了什么事。

郭磊的妈妈顿了顿，开口问："你很伤心，是吗？"郭磊用力地点了点头。郭磊的妈妈继续说："让妈妈来猜猜你为什么伤心。是不是因为妈妈今天都在为子强的生日派对忙碌，没时间关心你？是不是因为外公外婆和舅舅来家里也更关心子强？是不是因为子强拥有了大部分礼物，你却只得到了一点点礼物？"郭磊又用力地点了点头。

"你也想得到那么多礼物，你觉得不公平，所以你很伤心，然后把怨气放在了子强身上，对吗？"不等郭磊回答，她继续说，"的确，如果是妈妈看到别人得到了我想要的东西，我也会觉得难过。磊磊，你在嫉妒，你想要子强的礼物和大家的关注，但你得不到，所以你嫉妒他。"

郭磊的哭声渐渐平复了，他低声说："嫉妒？"

"没错！这种感觉很不好受。妈妈知道。"过了一会儿，郭磊的妈妈拍了拍郭磊的肩膀说，"子强住在外地，难得春节来玩，妈妈对他照顾多一些，对你关心不够，是妈妈的失误。妈妈忘记告诉你我永远爱你，妈妈跟你道歉。可是，你想想，前几天你和子强在一起，是不是也玩得挺开心啊？你再想想，去年你过生日的时候，你收到了妈妈和外公外婆的什么礼物呢？"

郭磊听到这，眼睛有些发亮："一辆漂亮的红色跑车，外公还多送了我一辆蓝色小叉车！"

郭磊妈妈紧接着问："你现在还喜欢这些礼物吗？"

郭磊擦干眼泪，高兴地回答："喜欢啊！"

郭磊妈妈顺势建议："那就拿出来和子强一起玩吧，看看哪辆赛车跑得更快。"

2

孩子在生活中流露出负面情绪，其实只是孩子的一种表达方式。妈妈不要把它想象得多么严重。但妈妈常常会说："别这样，你怎么这么不懂事。"其实，这样说等于否认了孩子的不良情绪。这样做非但不会让孩子的负面情绪消失，反而会加重孩子的压抑心理和否定感，会对孩子产生伤害。

叮当报名参加游泳培训两个多月了，可是他一直没有下过游泳池，因为他很怕水。教练三番五次地跟他保证，游泳是没有危险的，但叮当就是不肯相信。每次从游泳馆回来，叮当就跟妈妈说要放弃，他说他很害怕，害怕掉进水里，害怕没有人救他。

刚开始，妈妈表示理解叮当的担心，也不强求他，就让他坐在

一旁看其他小朋友是如何训练的。可是，两个多月过去了，叮当的担心一点儿都没有减少，他永远都坐在一旁看着别人，而自己始终没有去尝试的勇气。最后，妈妈忍不住了，去找叮当好好谈了谈："叮当，妈妈知道你在水里的时候感觉害怕。学游泳的确不简单，可是你看其他小朋友，在水里也没事，而且教练会保护你的。你需要更胆大一点，挑战自己。你学会了，妈妈就会为你感到骄傲。"

尊重和疏导孩子的情绪并不意味着一味地迁就，无原则地满足和忍让。在恰当的时机下，应该鼓励孩子积极地调整一下情绪，特别是当他一直沉浸在消极情绪中难以自拔时，更需要妈妈的激励。

3

作为妈妈，应该清晰地认识到，合理释放、转化负面情绪的重要性，只有充分发挥有利的方面，才能把弊端尽力压下去。如何释放负面情绪？根据孩子的年龄特点，可以有几种简单的发泄方式，哭泣就是一种缓解不良情绪的好方法，不仅可以释放压力，也可以增强免疫力。再如大喊大叫、运动等，只要把孩子的身体调动起来，内心的苦闷也会随着肢体的一举一动逐渐发泄出去。

孩子和成年人一样，在生活中难免会遇到挫折，难免会产生负面情绪，他们也会郁郁寡欢、怒不可遏、无理取闹，这很正常。如果希望孩子获取生活的快乐，就要从小教会他们释放负面情绪的方法。